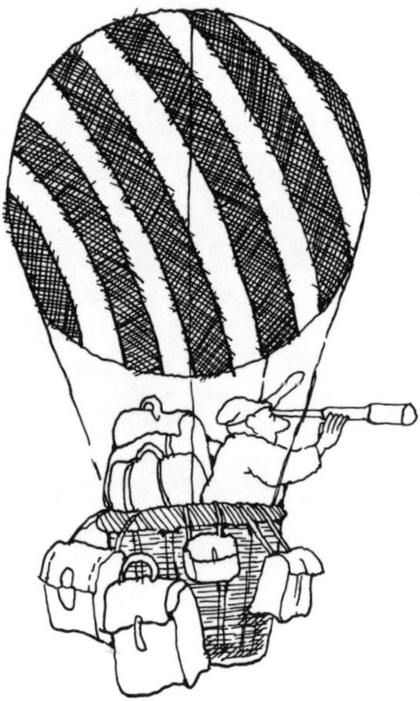

Eugen Roth

Gute Reise

Heitere Verse

Mit Illustrationen
von Friedrich Kohlsaat

Carl Hanser Verlag

2 3 4 5 97 96 95

ISBN 3-446-17410-9

Satz: Fotosatz Reinhard Amann, Aichstetten
Lithos: Wartelsteiner, Garching
Druck und Bindung:
Friedrich Pustet, Regensburg
Printed in Germany

Welt auf Reisen

Die Sonne tönt nach alter Weise
Und ihre vorgeschriebne Reise
Vollendet sie mit Donnergang,
Bereits Milliarden Jahre lang.
Mal zwischendurch kommt ein Komet,
Der seine eignen Wege geht
Und doch, weil er nur scheinbar irrt,
Vom Menschen schlau berechnet wird.
Ja, überhaupt die Wissenschaft
Hat, sich entwickelnd fabelhaft,
Ein neues Weltbild uns gewonnen:
Es reisen Millionen Sonnen,
Und Sterne, die als fixe galten,
Sind wissenschaftlich nicht zu halten.
Das »πάντα ῥεῖ« ist letzter Schluß:

Das Weltall selbst ist stets im Fluß. –
Noch deutlicher als wie am Himmel
Sehn wir auf Erden das Gewimmel:
Kaum brauchts noch einzeln des Belegs
Dafür, daß alles unterwegs.
Die Gletscher wandern und die Dünen,
Von Wanderpreisen, Wanderbühnen,
Von Wanderlebern oder -nieren
Muß weiter man kein Wort verlieren.
Es reist der Lachs, es reist der Aal,
In ganzen Schulen zieht der Wal,
Der Hering wandert massenweise,
Man kennt des Thunfischs nasse Reise;
Die Wandervögel, Wanderratten –
Zu Hause bleiben nur die Satten –,
Die Wanderraupen und Ameisen:
Wohin wir blicken, – alle reisen –
Und oft zu ganz gemeinen Zwecken:
Der Heuschreck ist der ärgste Schrecken.
Zum Meere reist ein jeder Strom,
Die Glocken reisen selbst nach Rom –
So sagt der Volksmund – am Karfreitag.
Der Mensch reist etwa zum Parteitag.
Zu Sängerfesten, Fußballspielen,
Ausstellungen und Fachkonzilen,
Frankfurter oder andern Messen –
Und Zielen, die ich grad vergessen.
Kurzum, es reist die ganze Welt!
Besonders wandert auch das Geld –
Oft rasch zu unserm Überraschen
Fliegts gradezu aus unsern Taschen,

Ganz ohne daß wirs rausgeschmissen:
Wohin? Das mag der Teufel wissen!
Was brauchts noch weiterer Beweise?
Wir wünschen allen: gute Reise!

Getäuschte Hoffnungen

Oft hat der Gast – und ward verlacht! –
Die Rechnung ohne Wirt gemacht.
Doch macht, wer weiß? noch öfter fast
Der Wirt die Rechnung ohne Gast.
Altrenommierte Häuser stehn
In Alpentälern wie an Seen,
Die – jeden Wirt macht das verdrossen –
Dem Kraftverkehr noch nicht erschlossen.
Radfahrer, Wandrer – ach, an ihnen,
So hieß es, ist nichts zu verdienen.
Nun sind die Straßen frei, gottlob!
Wild rast *vorbei* der Automob –
ilisten mörderische Schar,
Nimmt kaum im Flug das Wirtshaus wahr,
Denn all die Lärm- und Staubverbreiter,
Die wollen heut ja noch viel weiter,
Bis zu dem weltberühmten Punkt,
Mit dem, als Ziel, ein jeder prunkt.
Der Autler, mit viel Müh geworben,
Hat nur die Gegend rings verdorben.
Doch nein! Die Sache kommt in Fluß:
Da hält ein Riesenomnibus!

Und Gäste gibt es jetzt in Masse;
Schon scheint der Schwarm die Seeterrasse
Erfrischungsfroh zu überfluten.
Wie sich die Kellnerinnen sputen!
Nicht weiter der Bedienung achtend,
Das Panorama nur betrachtend,
Die Menge schlendernd sich zerstreut.
Der Wirt hat sich umsonst gefreut.
Es frägt kein Mensch nach Tisch und Betten;
Umdrängt sind einzig die Toiletten,
Und kurz entschlossne Herren –
Gleich in den nächsten stillen Winkeln.
Die Damen plündern rasch den Flieder,
Dann heißt es: »Los, wir fahren wieder!«
Trotzdem verstummt nicht das Geschrei:
»Dem Kraftverkehr die Straßen frei!«

Autos überall!

Du schimpfst mit Recht auf diese Welt,
Daß sie mit Autos ganz verstellt.
Der schönste Blick ist für die Katz –
Zum *Parkplatz* werden Park und Platz.
Bis zu den letzten Straßenkanten
Stehn Omnibusse-Elefanten,
Vorm Rathaus, um den Brunnen, frech
Drängt sich das buntlackierte Blech.
Und was tust Du? Trotz dem Gestöhne,
Daß also sterben muß das Schöne,
Zwängst Du, bezahlend ein paar Nickel,
Auch in die Herde Dein Vehikel!

Auto-Mobilmachung

Kraftfahrer sind ein Teil der Kraft,
Die Gutes will und Böses schafft.
Der beste Vorsatz wird zum Pflaster
Der Straße, führend *doch* zum Laster.
Wir schwörn, zu fahren, jetzt und später,
Nie mehr als sechzig Kilometer,
Zu *schauen*, ja, gar auszusteigen,
Sollt unterwegs sich Schönes zeigen –
Doch, statt wie wirs uns vorgenommen,
Schaun wir nur, daß wir weiter kommen,
Und lernen alsbald, nolens – volens,
Die heikle Kunst des Überholens;

Rasch haben wir uns angewöhnt,
Was wir doch anfangs so verpönt.
Das Auto? Einfach unentbehrlich!
Zu leben »ohne«? Kaum erklärlich!
Wie ist es fein, zu sagen: »Ja!«
Wenns heißt: »Sind Sie im Wagen da?«
Wir sind dem Pöbel nicht mehr ähnlich,
Der arm sich frettet, straßenbähnlich.
Wer erst die Macht hat, Gas zu geben,
Hat auch natürlich mehr vom Leben:
Kunststätten kann, wer fix und fleißig,
An einem Tage an die dreißig
Mitsamt den Kilometern fressen
Und gleich an Ort und Stell – vergessen.

Der Herrenfahrer

Ein Mensch ist, wie heut viele Männer,
Ein Fachmann und Motorenkenner.
Gleich macht er Sorgen sich, wenns klopft,
Obs tropft, ob wo wie was verstopft,
Obs fehlt an Kerzen, Drähten, Schrauben. –
Ein andrer Mensch hat *bloß* den Glauben,
Daß es, sobald er draufdrückt, geht:
Er fährt, *nur* weil er nichts versteht.
Gewiß, der Fachmann ist gescheiter –
Doch oft bringts blinder Glaube weiter!

Unterwegs

Kaum hat das Auge was entdeckt,
Schon ist es tief im Imperfekt:
»Das war doch..?« – Ein Begeistrungsschrei! –
»Nichts mehr zu machen. Schon vorbei.«
»Blick hin, der Mondsee!« »Sieht man den?«
»Ja, eben hättst Du ihn gesehn!«
Oh Fahrer, schau gerade aus!!
»Sieh da, ein altes Bauernhaus!«
Wohl ist es wert, daß mans bewundert:
Noch gotisch, gegen fünfzehnhundert.
Fahr zu und wend nicht das Genick:
Zum letzten wird der erste Blick!

Auf der Straße

Die Straße glatt und schnurgerade,
Daneben Rad- und Wanderpfade
Und alles leer, so weit Du schaust –
Drum gibst Du kräftig Gas und braust.
Berg – Kurve – plötzlich ein paar Gänse,
Ein Bauer, radelnd mit der Sense,
Ein Langholzfuhrwerk in der Beuge,
Vor, hinter Dir die Kraftfahrzeuge,
Die, auch die Straße leer vermutend
Und jetzt aus vollen Hälsen tutend,
Mit Mühe ihre Schwungkraft stoppen –
So kann es uns mitunter foppen.
Leicht könnt ein Kind von sieben Jahren
Oft hundert Kilometer fahren,
Bei freier Sicht, auf glatter Bahn –
Dann kommts auf Zentimeter an!

Überfälle

Wie liegt so friedsam treuer Sitten
Ein liebes Nest in Deutschlands Mitten:
Schon rücken von der Autobahn
Kunst-Überfallkommandos an:
Die Wagen halten, Hornruf gellt.
Schlagartig wird der Ort umstellt.
Der Kirche gilt der erste Stoß:
Ein Trupp stürmt lärmend auf sie los,

Und drängt durch die romanische Pforte.
Ein Tonband schnarrt Erklärungsworte,
Ein Bild, von Grünewald gemalt,
Wird scharf elektrisch angestrahlt
Und Kunstbegeistrung, ohne Zügel,
Schwenkt des Altares schwere Flügel.
Schon ist der ganze Ort beschlagnahmt:
Beim Zuckerbäcker wird geschlagrahmt
Und alles schreit – wie eine Waffe
Das Schlagwort schwingend – »Káffe, Káffe!«
Gefüllt sind alle Mördergruben:
Die Imbißhütten, Trachtenstuben,
Die Ansichtskartenausstoß-Stellen,
Die Bier- und Coca-Colaquellen.
Dann endets jäh, wie Zauberschlag:
Posaunen, wie am Jüngsten Tag,
Wie wilden Jägers Horridoh,
Zerreißen alle Freuden roh:
Signale schmettern, Rufe tönen,
Laut hört man die Motoren dröhnen.
Der Spuk zerstiebt, der Ort ist leer –
Papiere liegen weit umher...
Doch siehe da, am Horizont
Entwickelt sich die neue Front:
Mit frischen Rundreisregimentern,
Bereit, das Kirchenschiff zu entern,
Kommt nicht beglückend, doch beglückt –
Die nächste Truppe angerückt,
Den Ort im Sturm zu überlaufen. –
Papier türmt sich bereits zu Haufen...

Die Motorisierten

Die Götter setzten, wie man weiß,
Vor jede Tugend erst den Schweiß.
Doch Leute, die im Auto sitzen,
Die wollen heute nicht mehr schwitzen.
Da siehst Du vier mit starren Hälsen
Emporstarrn zu des Schlosses Felsen.
Den hochberühmten Bau zu sehn,
Beschließen sie, *hinaufzugehn*!
Am Burgtor ächzen sie und schnappen
Aus einem Mund (statt Tor und Wappen
Auch nur den kleinsten Blick zu gönnen):
»Da hätt man auch rauf *fahren* können!«

Dolomitengruß

Drei Tage kam die Nässe pur –
Mit Müh sah man die Pässe nur.
Kein Denken an Gekletter war,
Solange nicht das Wetter klar.
Der Franz den Bauch voll Wut sich aß.
Doch wie noch ohne Mut ich saß
Bei meinem Teller Suppe grad –
Sich auf die Sella-Gruppe tat:
Den Wolkenvorhang Stürme teilten –
Wie da empor die Türme steilten!
Was Wunder, daß bei Sonne, Wind,
Wir plötzlich *eine* Wonne sind!

*

Nie zeig, oh Mensch, im Felse Hast –
Uns kostete's die Hälse fast!
Noch habe zwei am Seile ich,
Als auch schon durch die Eile sich
Der größte aller Steine löst
Und schmetternd auf die Leine stößt.
Ich ruf den beiden unter mir:
»Halloh, seid Ihr noch munter, Ihr?«
Zweistimmig hör ich herrlich klingen
Den Gruß des Götz von Berlichingen.

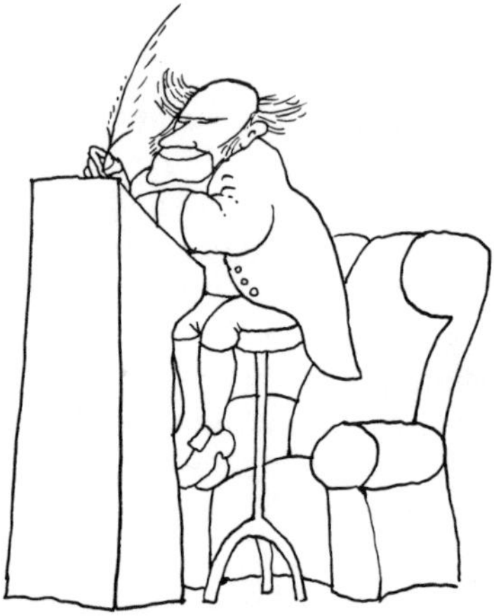

Daheimbleiben

Die Welt ist toll vor Reisewut,
Indes zu Haus der Weise ruht
Und lächelnd – oft auch leicht verschroben –
In das Gewühl blickt: »Laßt sie toben!«
So ist *Spinoza* nie gereist –
Und doch: welch weltenweiter Geist!
Auch *Kant*, der wunderliche Zwerg
Kam nie heraus aus Königsberg.
»Die Welt geht« – sagte *Pascal* immer –
»Zugrund dran, daß in seinem Zimmer
Der Mensch nicht sitzen bleiben will!«
In Frankfurt lebte deshalb still
Der Schopenhauer samt dem Pudel;

»Wer Geist hat, liebt nicht das Gehudel.«
Von *Shakespeare* weiß man nichts Genau's,
Doch offenbar blieb er zu Haus –
Und zeigte allerdings auch nie
Sich stark in der Geographie,
Wußt' nicht, was jedes Kind heut wüßte:
Und schreibt ganz dreist von Böhmens Küste.
Und wo kam *Schiller* denn schon hin?
Die weitste Reise war Berlin!
Die Schweiz, die er so schön beschrieben,
Zu sehn, ist ihm versagt geblieben.
Die »ökonomische Verfassung«
Zwang ihn zur Reise-Unterlassung.
Die Kleinen auch, wie Vater *Gleim*,
Sie blieben lebenslang daheim.
Der *Mörike* kam nie aus Schwaben,
Wo er geboren und begraben.
Bemerkenswert auch, daß man *Swift*
Persönlich nur in England trifft,
Von wo aus er den Gulliver
Auf weite Reisen schickt' umher.
Auch *Defoe*, der als Jüngling zwar
In Frankreich und in Spanien war,
Blieb dann daheim (laut Lexikon)
Und schrieb dort seinen Robinson.
Als weitgereist denkt gleichfalls gern
Der Leser sich wohl den *Jules Verne*,
Der, selbst meist lebend in Paris,
Nur andre weltumreisen ließ.
Und ebenso war der *Karl May*
Wie man ihm nachwies, nicht dabei.

Er machte große Reisen zwar:
Nachträglich erst, vom Honorar.
Der größte Maler, *Rembrandt*, kam
So gut wie nicht aus Amsterdam.
Noch könnt ich glänzen als Beschreiber
Der klassischen Zuhausebleiber,
Die, wie der *Papst* im Vatikan,
Nicht einen Schritt hinausgetan,
Und die oft weltfremd nur geschienen:
Die Welt kam, umgekehrt, zu ihnen!
Der cherubinische *Wandersmann*
Fing erst auf Erden gar nicht an:
Hoch überm lauten Weltgewimmel
Zog er geradewegs zum Himmel.

Fantasie

Wer durch die Welt reist, fantasielos,
Wird die Enttäuschung leider nie los:
Dem ist die Schweiz nicht kühn genug,
Die Steiermark nicht grün genug,
Das ewige Rom nicht alt genug,
Spitzbergen selbst nicht kalt genug.
Neapel ist nicht arm genug
Und Capri ihm nicht warm genug,
Marseille ist nicht verderbt genug,
Pompeji nicht zerscherbt genug,
Paris ist ihm nicht toll genug –
Kurzum, die Welt nicht voll genug

Von Wundern, die es lohnen würden,
Sich Reisemühlsal aufzubürden.
Zeig ihm, Du machst ihn nicht zufrieden –
Den Parthenon, die Pyramiden,
Ja, laßt ihn Indiens Zauber wählen:
Was wird er, heimgekehrt, erzählen?
Daß überall die böse Welt
Ihn um sein gutes Geld geprellt.

Ein Mensch, mit Fantasie-Belebung
Weltreisen macht – in die *Umgebung*:
Er kann, um ein paar Straßenecken,
Terra incognita entdecken,
Und wird, in nächsten Flusses Auen,
Den Urwald und das Dschungel schauen.

Flüchtige Zeit

Oh Ferienzeit! Oh kurzer Wahn:
Der erste Urlaubstag bricht an, –
Doch damit sind auch die drei Wochen –
Unmerklich erst – schon angebrochen.
Rasch folgt der zweite Tag, der dritte,
Und unversehens ist Urlaubsmitte
Und zum Galopp schier wird der Trab:
Es geht verzweifelt schnell bergab.
Die Stunde, die sich leicht verwischt
Dem Glücklichen, der sommerfrischt,
Sie schlägt dann plötzlich hart genug:
Um acht Uhr, morgen, geht der Zug!
Das letzte Glück, den letzten Tag
Erfährt, daß ichs mit Goethe sag,
Der Mensch, was er auch immer sei.
Und morgen schon steht: »Zimmer frei!«
Am Haus, noch eh Du an der Bahn. –
Leb wohl! Nun ist der Nächste dran!

Gruß vom Flugplatz

Ich möcht nicht alte Streite wecken:
Das Fliegen taugt für *weite* Strecken!
Von etwa tausend Meilen an,
Kann wie ein Vogel eilen man.
Sonst muß zu lange warten still,
Wer landen oder starten will.

Wunderliche Welt

Kennzeichen dieser unsrer Zeit
Ist, wie man weiß, die Flüchtigkeit.
Doch wen traf schon das Wort mit Wucht:
Wer flüchtig ist, ist auf der Flucht?
Der Mensch – wie ist er wunderlich! –
Hat knapp ein Dach erst über sich,
Hat kaum gerettet seine Laren –
Und schon läßt er sie wieder fahren!
Ist nicht die Bombe grad gesaust?
Schon ist er wieder »unbehaust«;
Noch krank von Schrecken, jüngstverwichen,
Und noch nicht lastenausgeglichen,
Rückt er schon aus – mit *freiem* Willen! –
Um seine Reisesucht zu stillen.

Neuer Text

»Weiß nit woher, weiß nit wohin –
Mich wunderts, daß ich fröhlich bin!«
So sagte einst der Wandersmann. –
Wer heute reist, oft sagen kann:
»Weiß nit ›woher‹, weiß nit, wozu –
Mich wunderts, daß ichs trotzdem tu!«

Einbildungen

Das Schicksal, grausam, ohne Ruhn,
Kann doch nicht allen alles tun;
Ja, staunend stellt man endlich fest,
Wie viele es zufrieden läßt.
Zufrieden? Durchaus *unzufrieden*!
Denn jedem ist sein Los beschieden.
Was einer nicht *erlebt* an Pein,
Stellt dann als Angstkomplex sich ein.
Des Reisens Glück er nie sich gönnt,
Aus Furcht, was ihm geschehen *könnt*!
Was es nur gibt an Reiseschrecken,
In seiner Brust muß ers entdecken:
Vom Zugversäumen, Kofferstehlen
Zum Paß-verlieren, Ziel-verfehlen,
Kein Zimmer-kriegen, schwer-Erkranken
Erlebt er alles – in *Gedanken*!

In Köln der Dom! Nicht Zeit genug:
In einer Stunde fährt sein Zug!
Einbildung spielt ihm tausend Possen:
Hat er zu Haus die Tür verschlossen?
Versorgt die Licht- und Wasserleitung?
Rechtzeitig abbestellt die Zeitung?
Er sieht im Geiste durch drei Wochen
Daheim inzwischen eingebrochen. –
Jetzt nagt – er nährte sie schon lange! –
Am Busen ihm die Heimwehschlange:

Vernunft ermahnt ihn, auszuharren,
Doch Skrupel halten ihn zum Narren:
In Hellas, beispielsweis Mykenä,
Bekommt er Angst bis zur Migrenä,
Auf Romas zeitlos ewigen Trümmern
Muß jäh ihn ein Termin bekümmern,
Es überfällt ihn in Venedig,
Wie vieles wart, daß mans erledig –
Und, zugesperrt schon längst die Seele,
Folgt er dem innersten Befehle,
Und mit dem nächsten Bummelzug –
Nur daß er rollt, ist ihm genug –
Fährt er nach Haus, bei Tag und Nacht,
Von Sorgen völlig mürb gemacht.
Ein Meister im sich-selbst-bereiten
Von ungeahnten Schwierigkeiten,
Spürt Glück er *einmal* nur, ganz groß:
Er kommt zurück – es war nichts los!

Zwei Seelen

Zwei Seelen wohnen in der Brust:
Die hohe, kunst- und pflichtbewußt,
Rät, auszuharren in Museen –
Die niedre möcht ins Wirtshaus gehn.
Selbst Dürer wird zum Schluß verraten
Um einen guten Schweinebraten!

Kunst des Reisens

Was heißt schon: Reiselust entfalten?
Hauptsache ist: auch durchzuhalten!
Man überschau zu diesem Zwecke
Die ganze, vorgefaßte Strecke:
In Rothenburg frißt man vor Gier
Sich über an Romantik schier,
In Würzburg ist man auch noch munter,
Banz schluckt man kaum mehr ganz hinunter,
Um sich bereits an Vierzehnheiligen
Nur äußerst mühsam zu beteiligen.
Wenn dann, als letzter Höhepunkt,
Das beispiellose Bamberg prunkt,
Kann man, zu Tod erschöpft, nur sagen:
»Sehr schön! – Ich kann nichts mehr vertragen!«
Der Klügre läßt sich, ob der Tauber,
Nicht ganz betäuben von dem Zauber,
Daß er auch noch in Dinkelsbühl
Den Reiz des stillen Winkels fühl,
Daß er in Creglingen noch kregel –
Einteilen! heißt die erste Regel.

Bequem

Wie heut bequem das Reisen geht:
Du wirst verschickt wie ein Paket
Und brauchst nur, statt was zu erleben,
Ganz einfach – selbst Dich aufzugeben!

Fahrtberichte

Mein Urgroßvater war einst schon
In Rußland mit Napoleon
Und sagte – neunzig Jahre alt –,
Gefragt, wies war, ein Wort nur: *»Kalt!«*
Genau genommen war das klug:
Es wußte jedermann genug.
Auch wir sind ähnlich eingestellt.
Und schon, daß man der schnöden Welt
Die Neugier einmal abgewöhn',
Erklärn wir kurz und bündig: *»Schön!«*
Und sehn, daß Freund und Weib und Kind
Vollauf damit zufrieden sind.
Klingt auch das Fragen oft beflissen:
Kein Mensch will es im Grunde wissen.

Aufschneidereien

Der Sonne ganz verschworen, märzlich
Im Schnee hier, ziemlich mohrenschwärzlich
Die wunderschönsten Hasen laufen.
Gleich bei der Hütte lasen Haufen
Wir auf, die leicht sich fangen lassen,
Sollt einen das Verlangen fassen.
Worauf man, trotz der Wonne, seh:
Die Lippen sind von Sonne weh!
Mein Häschen, reizend keilgehost,
Hab ich schon wieder heilgekost!

Vor der Reise

Wächst Dir die Frau zum Hals heraus,
Hältst Du die Kinder nicht mehr aus,
Macht Dich der Chef – und, bist Du's selber,
Der Stift – vor Ärger täglich gelber,
Wird Dir der Stammtisch, treu und bieder,
Ganz plötzlich, Kopf an Kopf, zuwider,
Kannst Du Dein Zimmer nicht mehr sehn –
Wirds Zeit, zum in den Urlaub gehn.
Du freilich, voll Verblendung, klammerst
An Deinen Alltag Dich und jammerst;
Ausreden hast Du eine Masse,
Daß es gerade jetzt nicht passe.
Dir wird mit jedem Tage mehr
Das Herz vor Reise-Unlust schwer.

Noch nicht ganz fort – nicht ganz mehr hier:
Qualvolle Spannung zerrt an Dir.
Der Zug fährt ab – und wie vom Beil
Getroffen, reißt das zähe Seil
Und jäh von Reiselust geschwellt,
Braust froh und frei Du in die Welt.

Spießerei

So mancher reist nur zur Kontroll',
Ob auch die Welt erfüllt ihr Soll.
Er ist zufrieden, wenn es stimmt,
Wovon er den Bestand aufnimmt:
So hat zu lächeln Mona Lisa,
So schief zu stehn der Turm von Pisa,
Pflichtmäßig-überraschend klein
Hat der Laokoon zu sein.
Und, wie aus dem Gedächtnis-Silo
Genau, die Venus steht von Milo.
So blau hat man, laut Ansichtskarten,
Italiens Himmel zu erwarten;
Er sitzt in tredeci communi
Und siehe da: es schneit im Juni!
Was schreib ich, denkt er ganz entsetzt,
Nur heim vom sonnigen Süden jetzt?
Die Berner Alpen hat der Gast
Gefunden nach der Vorschrift – fast.
Er kommt nach Haus, ein strammer Melder:
»In Ordnung Hollands Tulpenfelder!«
Das »tote Brügge« mußt enttäuschen –

Lebendig war es von Geräuschen.
Daß nackt ins Meer die Schwedin steige –
Er sahs nicht; daher: Fehlanzeige!
Daß es hochnördlich meistens regnet,
Gottlob, es ist auch ihm begegnet.
Und freudig, obzwar ganz durchnäßt,
Stellt er, daß alles richtig, fest.

Badeaufenthalt

Auszukurieren meine Weichteile,
Auch heuer wieder ich am Teich weile.
Vom Leib wie von der Seele weicht Eile,
Bis ich, auf Frieden nur geeicht, weile.

Einst und heute

Hört Großpapa und Großmama,
Wir wärn gewesen da und da
Zum Wochenend – wo sie vor Jahren
Nur auf der Hochzeitsreise waren,
Dann sagen vorwurfsvoll die beiden:
»Mein Gott, was waren wir bescheiden!«
Gewiß! Jedoch, auch umgekehrt:
Wie waren sie beneidenswert!
Wo heute fährt die Straßenbahn,
Da krähte bunt der Bauernhahn,
Und dort, wo jetzt, so weit wir blicken,
Zinshäuser stehen und Fabriken,
Da gingen friedlich sie zu zweit –
Rings nichts als gute alte Zeit!
Nicht nur in Bayern, auch in Preußen
Kam man mit dicken Blumensträußen
Und ganz erfüllt von Wanderglück
Von einem Gang vors Tor zurück:
Ohn' einen Pfennig auszugeben!
Wir brauchten, gleiches zu erleben,
Je eine Stunde Bahngerase
Und zehn Mark mindestens pro Nase.
So ist oft nur erzwungne Flucht,
Was ausschaut, als wärs Großmannssucht.

Einförmigkeit

Wie fängt die Welt an, sich zu glätten!
Statt in historisch-fremden Städten
Voll Kirchen, Türmen, Toren, Wappen
Noch abends lang herumzutappen,
Ist gleich der Reisende zu Haus:
's schaut eine wie die andre aus.
Die Bahnhofsanschrift zeigt allein,
Ob es Hannover, Frankfurt-Main,
Ob München, Augsburg, Düsseldorf –
Sonst, zwischen grauem Trümmerschorf
Hochhäuser samt den Kaufhofnamen,
Vertraut bis in die Lichtreklamen.
Wo diese Bauten stehn, man siehts
Nicht an dem Karstadt und dem Tietz,
Ob diese Stadt gegründet Welf,
Nicht kündets 4711,
Nicht braucht man zu vermissen meist
Den Klosterfrau-Melissengeist.
Der Fremde sieht, wohin er fuhr,
Ganz sicher aus dem Fahrplan nur:
Weil pünktlich, wie's in diesem steht,
Der Schnellzug wieder weiter geht.
Mitunter, wenn der Gast dann bleibt
Und tags sich durch die Straßen treibt,
Dann sieht er doch, zu seinem Glücke,
Noch hier den Dom und dort die Brücke –
Es weicht von ihm der Alpdruck da,
Er wär schon in Amerika!

Schloßführung

Was ist doch so ein Fremdenführer
Oft feinsten Unterschieds Erspürer!
Fast stets trifft er den Ton, den richtigen:
»*Herrschaften*, die das Schloß besichtigen,

Bitt höflich ich, mit mir zu gehn.
Die *Leute*, die es nicht ansehn,
Die können hier inzwischen warten!«
Und schon verteilt er Eintrittskarten.
Bewehrt mit Filzpantoffeln dürfen
Wir nun durch die Gemächer schlürfen,
Und schlittschuhfahrend probt die Glätte
Der Gast vergnügt auf dem Parkette.
»Erbaut im Dreißigjährigen Kriege,
Die Marmor- oder Kaiserstiege,
Die zu den obern Räumen führt!«
Das »Ah!« ertönt, das ihr gebührt.
»Rechts sehn Sie –« alle Hälse recken
Sich gleich gehorsam nach den Decken –
»Ein Bild der Venezianer Schulen:
Zeus mit der Nemosine buhlen –
Erkennbar an dem großen Busen –,
Sie gilt als Mutter der neun Musen!«
Neun Töchter, denkt man, alle Achtung –
Doch mitten unter der Betrachtung
Reißt schon, vermöge seines Winks,
Der Führer jeden Kopf nach links
Und ruft: »Bestaunt hat dies schon Goethe,
Flora begrüßt die Morgenröte!«
Auch treten wir, auf seine Bitte,
Andächtig in des Raumes Mitte:
»Der Sieg der Weisheit übers Laster,
Gemalt von Zacharias Zaster
Und hier dazu das Gegenstück:
Die Weisheit wird verhöhnt vom Glück!...
Als ersten Prunkraum sehen Sie

Die sogenannte Galerie.
Der Lüster, allgemein bewundert,
Setzt sich aus über vierzehnhundert
Kristallglastäfelchen zusammen;
Ist jetzt elektrisch zu entflammen –
War aber dazumal noch nicht
Und man benützte Kerzenlicht.
Es folgt das grüne Kabinett,
Mit dem berühmten Hochzeitsbett!
Links: Füllungen, vergoldet Eiche,
Venus belächelt Amors Streiche!
Rechts: Venus raubt dem Mars die Waffen!
Der Künstler – sehen Sie den Affen –
Hat hier sich einen Scherz erlaubt:
Wo der Betrachter steht, er glaubt,
Daß grad auf ihn der Affe schaue.
Das Fürstenzimmer, auch das blaue,
Nach seiner Farbe so benannt,

Original-Damast-bespannt.
He, dort die Dame, nichts berühren!
Wir sind zum Ende mit dem Führen.
Beteiligen sich entsprechend viele,
Zeig ich nun noch die Wasserspiele!«
Wir freilich zählen zu den Eiligen,
Die sich an gar nichts mehr beteiligen.
Befürchtend, daß noch wasserwogisch
Man uns beschütte, mythologisch,
Entfliehn wir, zahlend unsern Zoll:
»Recht vielen Dank, war wundervoll!«
Vermutlich bis ins Greisenalter
Verfolgt uns noch der Schloßverwalter.

Regenversicherung

Ein Sommerregen ist erfreulich,
Ein Regensommer ist abscheulich.
Doch jetzt schaut jeder 'naus und kichert:
»Nur zu, nur zu! Ich bin versichert!«
Er wirds dem Petrus nicht verübeln,
Gießt er das Wasser wie aus Kübeln.
»Laß regnen!« fleht er untertänig,
»Doch bitte, bitte, nicht zu wenig!«
Der Prämie verlustig geht er,
Fehlt bloß ein einziger Millimeter.
Ein Sonnenstrahl kanns ihm verscherzen –
Drum hat er Sonne *nur* im Herzen,
Wenn, bis zum End der Urlaubszeit,
Es draußen regnet, stürmt und schneit.

Kartengrüße

Am Königssee

Hierher, wo einst die Stille wob,
Zehntausendfacher Wille stob;
Fußgänger, Autos fahren wall
So wild, daß (hör den wahren Fall!),
Die sich in Wagenschlangen wagen,
Voll Streitlust auf die Wangen schlagen.
Kaum an den Schiffahrtskassen man
Erwehren sich der Massen kann.
Ich, der ich sonst die Leute meid,
Tu mir in dieser Meute leid.
Auch bin ich müd der steten Pose
Des Manns mit dem Trompetenstoße:
Das Echo von den Wänden schallt.
Die Einsamkeit zu schänden, wallt
Ein Heerwurm rings am Ufer rum. –
Die Stille bringen Rufer um.
Man sollte nur die leisen Rassen
Und nicht die lauten reisen lassen!

Haltung

Weh dem, der unterwegs geneppt,
Den Ärger ständig mit sich schleppt!
Was Du bezahlt, verdau's auch seelisch,
Statt daß Du's wiederkäust, krakeelisch.
Im Omnibus von Tegernsee
Dem schlechten, teueren Kaffee
Noch nachzuzählen seine Bohnen
Bis München, dürfte kaum sich lohnen;
Die schöne Strecke Innsbruck-Wörgel
Sich zu verderben durch Genörgel:
»Zwölf Schilling für *den* Schlangenfraß!«
Ist auf die Dauer auch kein Spaß.
Seht dort die Landschaft: wie im Märchen!
Drin – offenbar! – ein Liebespärchen.
Oh dürften wir den Worten lauschen,
Die diese zwei – vermutlich – tauschen!
Doch nein! der Mann verdrossen spricht:
»Gut war die Wurst in Garmisch nicht!«
Drauf sie, ins Farbenspiel versunken,
»Die hat ja beinah schon gestunken!«
Nun beide, dumpf ins Abendfeuer:
»Und dabei unverfroren teuer!«
Der Mann, bezwingend sich mit Mühe,
Stellt fest, wie schön es alpenglühe.
Doch sie, nicht zum Verzeihn noch willig:
»Hier kriegt man überhaupt nichts billig!«
An Wurstvergiftung geht zugrunde
Die große Sonnen-Abschieds-Stunde.

Realitäten

Ach, hoch am Berg die armen Bauern!
So sagt wohl mancher mit Bedauern,
Und doch, das macht sie grade grantig:
Für sie ists Not, für uns Romantik.
Es weiß, wer die Entwicklung kennt:
Wo Geld hinkommt, kommt auch Zement.
Drum wünscht sich der historische Schwärmer,
Die Leute blieben besser ärmer.
Der graue halbverfallne Stadel,
Uns scheint er nur von altem Adel,
Die düster hingeduckte Stube,
Die malerische Odelgrube,
Die Holzwand von erlesner Bräune,
Das Schindeldach, die Steckenzäune,
Uns Fremde werden sie beglücken,
Daß wir den Farbfilm auf sie zücken.
Der Bauer denkt: Mit tausend Kilo
Würd ich mir bauen einen Silo!
Und für das teure Holz ists schad:
Dachplatten her und Stacheldraht!

Idyllisch ist es, zuzusehn,
Wie Bauern in die Kirche gehn
Vom Berg gewandert, Stunden weit:
Die alte Zeit, die hat noch Zeit!
Doch anders denkt der Bauernsohn.
Er fährt mit seinem Traktor schon
Und, heimzuholen seinen Vorrat,
Wenns irgend geht, mit dem Motorrad.

Schön ist Alt-Innsbruck, Sterzing, Klausen.
Doch möchtst Du, Fremder, selbst so hausen?
Im Baedeker steht viel von Goten –
Doch hygienisch ganz verboten
Ists in den Häusern, schon gerüchig
Die Treppen morsch, die Mauern brüchig.
Und fürs Inferno der Aborte
Fänd Dante kaum die rechten Worte.

Wie malerisch das alte Nest,
Engbrüstig an den Fels gepreßt!
Wie echt, wie alt ists überall –
Uns freut, ästhetisch, der Verfall,
Solange er gewillt, zu schonen
Die Häuser, die wir selbst bewohnen.
Vor unseren Augen geht zur Stunde
Der Rest der alten Welt zugrunde
Die freilich lange schon im Kränkeln.
Nicht viel wird bleiben unseren Enkeln.
Was schadets wohl? Sie denken schon
In Glas voraus und Stahlbeton!

Fortschritt

Rückständigen Schwärmern nur gefällt
Der Anblick der *geschlossnen* Welt.
Fortschrittlich, prächtig *aufgeschlossen* –
So lieben wir den Zeitgenossen!
Ihn, der die Landschaft erst erschließt

Und dann sich wild in sie ergießt.
Er braucht, nach unsern letzten Moden,
Kaum mehr betreten ihren Boden:
Das *Fließband* seine Segnung lieh
Längst auch der Fremden-Industrie,
Und direkt aus dem Omnibus
Setzt in die Bergbahn man den Fuß,
Aus dieser geht man möglichst schnell
Am Gipfel in das Berghotel,
Wo Raum ist für die ganze Herde.
Längst tritt, mit zürnender Beschwerde
Kein Geist mehr aus der Felsenspalte.
Und käm er doch, der Bergesalte,
Dann nur, ums Fernrohr zu vermieten
Und Enzianfläschchen anzubieten.

Zweckloser Streit

Was nützt ein Berg, wenn Du nicht weißt,
Wie er mit seinem Namen heißt?
Sieh dort den Reigen stiller Strahler:
Ein Herr schwört auf die Zillertaler.
Und er zitiert sogar den Götz mal,
Sofern der andre mehr fürs Ötztal.
»Sehn Sie das weiße Spitzchen? Nein??
Das müßte der Großglockner sein!«
Und bis zur Tobsucht schwillt sein Zorn,
Sag ich, es sei das Wiesbachhorn!
Tagtäglich vor den Panoramen
Kommts dergestalt zu wilden Dramen.

Alpenglühen

Kein Wunder beut der Menge Halt:
Das Alpenglühn die Hänge malt,
Das Licht strahlt immer reiner aus –
Und doch, es schaut nicht einer raus;
Natur kann nicht mehr heute locken:
Beim Nachtmahl alle Leute hocken,
Ich steh noch traumvergessen, eh –
Ich auch hinein zum Essen geh!

Historische Glossen

Ägypten man sich sparen kann,
Die Sphinx schaut überall uns an.

*

Dem Theseus dankt man nie genug,
Daß den Prokrustes er erschlug,
Den Wirt mit den verdammten Betten.
Wenn wir nur auch Heroen hätten!

*

Heimweh ward durch die Odyssee
Zu einem weltberühmten Weh.

*

Hält man sich nur an das Historische:
Die erste Wanderung war die *dorische*,
Ein Völkerfrühlings-Schulausflug,
Der ungeahnte Früchte trug!

Kartengrüße

Nordlandreise

Vor Zeiten kaum ein spleeniger Lord nannt'
Als Reiseziel das graue Nordland,
Weil wüst umher die Kunde hallt'.
Es sei nur feucht und hundekalt.
Doch ich leg, seit ich dorten war,
Die Schönheit heiß in Worten dar,
Falls wer, wie der Verfasser, wall
Von Wasserfall zu Wasserfall,
Nicht düstrer Fjorde Frieden scheu,
An Gletschern sich entschieden freu.
Er meint, daß – ohne Singerei! –
Im Nibelungen-Ring er sei,
Falls Fantasie ihn rühren kann:
Gleich reiten die Walküren ran!
P.S. Spar nicht als Dummer hier,
Man bietet Lachs und Hummer Dir!

Wallfahrtsort

Das Händlervolk verläßt sich keck drauf,
Daß hier der Pilger jeden Dreck kauf.
Als »souvenir« nur Schund erwart',
Wo sich die Welt um Wunder schart.

Der Unschlüssige

Ein Mensch, zum Bahnhof dauerlaufend,
Mit Seitenstechen, mühsam schnaufend,
Sieht auf die Uhr, es wird zu knapp –
Und augenblicklich macht er schlapp:
Enthoben seinem höhern Zwecke,
Schleicht er jetzt lahm wie eine Schnecke;
Nimmt immerhin sich seine Karte,
Daß er den nächsten Zug erwarte.
Und sieht – und meint nicht recht zu sehn –
Den Zug noch auf dem Bahnsteig stehn.
Mit seinen letzten Lebensgeistern
Hofft er nun, doch es noch zu meistern,
Setzt an zum Endspurt im Galoppe;
Voll Angst, daß doch das Glück ihn foppe,
Läßt jäh er sinken Mut und Kraft. –
Bis er sie wieder aufgerafft,
Vergehn Sekunden, tödlich tropfend.
Der Mensch, mit wilden Pulsen klopfend,
Fragt sich im Laufen, ob er träumt:
Der Zug, den er, an sich, versäumt,
Steht noch – gesetzt den Fall, er sei's! –
Ganz ungerührt auf seinem Gleis.
Doch eh der Mensch sich noch im klaren,
Beginnt der Zug jetzt, abzufahren.
Der Mensch kann noch die Tafel lesen:
Jawohl, es wär sein Zug gewesen.

Das Kursbuch

Ein Mensch ist der Bewundrung voll:
Nein, so ein Kursbuch – einfach toll!
Mit wieviel Hirn ist das gemacht:
An jeden Anschluß ist gedacht:
Es ist der reinste Zauberschlüssel –
Ob München – Kassel, Bremen – Brüssel,
Ob Bahn, ob Omnibus, ob Schiff –
Man findets leicht – auf einen Griff!
Dabei sind auch noch Güterzüge
In das verwirrende Gefüge
Des Fahrplans ständig eingeschoben!
Die Bahn kann nicht genug man loben!
Der Mensch, in eitlem Selbstbespiegeln,
Rühmt sich, dies Buch mit sieben Siegeln
Zu lesen leicht, von vorn bis hinten,
Trotz seiner vielbesprochnen Finten.
Schon fährt der Mensch nach Osnabrück
Und möcht am Abend noch zurück:
Und sieht, gedachten Zug betreffend,
Erst jetzt ein kleines f, ihn äffend;
Und ganz versteckt steht irgendwo:
»f) Zug fährt täglich, außer Mo.«
Der Mensch, der so die Bahn gelobt,
Sitzt jetzt im Wartesaal und tobt.
Und was er übers Kursbuch sagt,
Wird hier zu schreiben nicht gewagt.

Voreiliger Dank

Ein Mensch, ein fremder, läßt sich gern
Belehrn im Zug von einem Herrn,
Wie er, in Duisburg ausgestiegen,
Nach Hamm den Anschluß könnte kriegen.
Der Herr erscheint dem Menschen englich,
Er dankt ihm heiß und überschwenglich
Und denkt in Duisburg, ganz verliebt:
Was es doch nette Menschen gibt!
Er eilt – noch immer dankend froh –
In Duisburg auf den Bahnsteig zwo
Und harrt, vertrauensvoll und stramm
Auf den versprochnen Zug nach Hamm.
Ein Schaffner, endlich doch befragt,
Schaut groß den Menschen an und sagt,
a) ob er denn nicht könne lesen,
b) wer denn dieser Herr gewesen,
Und c) es sei ein rechter Jammer,
Grad sei davon der letzte Hammer
Und zwar auf Bahnsteig Nummer sieben.
Und sieh: Das Bild des Herrn, des lieben,
Ertrinkt in Wut und Rachedurst:
Ein Trottel ist er, ein Hanswurst,
Und vieles noch, was jedermann
Aus eignem Vorrat schöpfen kann.
Der Mensch denkt Jahre lang des Duis-
Burg-Bahnhofs noch und dieses Pfuis.

Der Abschied

Ein Mensch, der fort muß – was oft schmerzlich,
Nimmt von dem Freunde Abschied, herzlich.
Sie drücken mannhaft sich die Hände;
Fast werden beide weich am Ende,
Indem sie auseinander gehen:
»Wann werden wir uns wiedersehen?«
Nach Jahr und Tag, in fernem Land?
Nein – gleich am nächsten Zeitungsstand!
Sie ziehen, schon verschämt, den Hut:
»Nochmals ade – und mach es gut!«
Und gehn, der hierhin und der dort,
In ganz verschiedner Richtung fort.
Doch ists damit nicht abgetan:
Man trifft sich in der Straßenbahn,
Woselbst man sich, quer durch die Stadt,
Im Grund nichts mehr zu sagen hat.
Der Mensch, bevor er nun verreist,
Hätt gern noch irgendwo gespeist.
Doch, wie er so den Raum durchstreunt, –
Wer sitzt dort schon? Sein guter Freund!
Der Mensch, davon nicht sehr entzückt,
Hat still und grußlos sich gedrückt,
Und hat, nur durch die Flucht, vermieden
Sich noch einmal verabzuschieden.
Moral: Wenns schon, mit Schmerz, sein muß,
Dann *einmal* Lebewohl und Schluß!

Der Geschäftsreisende

Schön ists, zu reisen in Geschäften,
Fährt man, mit eignen Pferdekräften,
An einem schönen Tag im Lenz los,
Mit Waren, welche konkurrenzlos!
Doch wer, um irgendwelche Nieten
In kleinsten Nestern anzubieten,
Als unwillkommener Vertreter
Herunterhaut die Kilometer,
Fast ohne Hoffnung, daß es glückt:
Der sitzt im Zuge, schwer bedrückt.
Das Reisen selbst? Du liebe Zeit!
Da weiß er alles weit und breit:
Er hat schon jeden Wartesaal
Erfüllt mit seiner Öde Qual,
Kennt, kaum daß er ins Kursbuch blickt,
Anschlüsse, wie sie auch verzwickt,
Und alle schlechten Betten rings. –
Als er noch jünger war, da gings,
Da hat er sich als Schimmerfädchen
Ins Grau gewebt ein Zimmermädchen,
Da kannten sie den lustigen Herrn
Und seine Witze nah und fern.
Jetzt aber – täglich auf der Bahn …
Er kann nicht mehr – es kotzt ihn an!
Doch drohend sieht ers vor sich stehn:
Er kann nur fahren – oder gehn.

Das Zauberwort

Ein Mensch sitzt in der Eisenbahn
Und schaut sein Gegenüber an,
Ein Mädchen, das ihm, scheinbar kühl,
Verbietet jegliches Gefühl.
So schweigend fahren, das ist bitter –
Da steigt ganz plötzlich zu ein Dritter,
Kennt alle beide gut und stellt
Gewandt sie vor, als Mann von Welt.
Gleich bricht der lang gestaute Schwall,
Sie reden wie ein Wasserfall,
Auch, als sich jener längst entfernt,
Durch den sie kennen sich gelernt.
Den fremden Herrn, die fremde Dame,
Erlöst ein Zauberwort: Der Name!
Der Sitte Fesseln jäh zerreißen
Wenn beide wissen, wie sie *heißen*.
Vertrauen fassen sie geschwind
Und fragen kaum noch, wie sie *sind*.

Für Wankelmütige

Die besten Reisen, das steht fest,
Sind die oft, die man unterläßt! –
Nur, daß man *rasch* entscheiden muß,
Damit man nicht lang leiden muß,
Am Reisefieber, Tag und Nacht,
Um Reisen, die man gar nicht macht!

Der Bummelzug

Ein Mensch, wie aus dem Ei gepellt –
Man sieht sofort, ein Mann von Welt –,
Steht nun, seit fünf Minuten schon,
Auf einer kleinen Station,
Und denkt, voll Zorn bis in die Nas':
»Ha! Nur in Bayern gibts so was!«
Jetzt endlich streckt, auf sein Geklopf,

Der Mann zum Schalter raus den Kopf.
»s' pressiert net!« sagt er zu dem Herrn.
»Der Zug? Nach sechse kommt er gern.«
Und rät ihm, menschlich, voll Vertrauen,
Derweil die Gegend anzuschauen.
Der Mensch, zur Wut selbst zu verdutzt,
Hat unversehns den Rat genutzt
Und sieht, als wärs zum erstenmal,
Im Abendglühen Berg und Tal;
Er sagt, vergessend seine Eile,
Zum schönen Augenblick: »Verweile!«
Und schaut sogar der braven Kuh
Voll Andacht bei verschiednem zu...
Von fern Geschnauf und Ratter-Ton –
Der Mensch denkt ganz verzaubert: »Schon?«
Und nimmt kaum wahr, geschweige übel,
Die Trödelei der Millikübel.
Ein letzter Blick – ein Pfiff – und munter
Gehts weiter, wald- und nachthinunter.
Der Mensch, gezwungen so zum Feiern,
Träumt oft noch von dem Tag in Bayern.

Probleme

Ein Junggeselle, hartgesotten,
Kann leicht der weichern Menschen spotten,
Die, büßend ihre Fleischessünden,
Nachgeben und Familien gründen.
Allein reist einer unbehindert;
Doch was tut einer, der bekindert?
Leicht wär es, sie daheim zu lassen –
Hätt man nur wen, drauf aufzupassen!
Entschließt man sich, sie mitzunehmen,
Gibts eine Fülle von Problemen,
Wie man es geldlich macht und nervlich.
Und Wankelmut ist ganz verwerflich.
Ja, wer gebunden kind- und keglich,
Braucht Schwung – sonst wird er unbeweglich.

Platzangst

Ein Mensch, beim Neon-Lampenschein,
Im Eilzug sitzt er, ganz allein,
Dem billigst-besten Zug der Welt,
Den je die Bahn im Dienst gestellt.
Stumm flehen hundert leere Plätze,
Daß irgendwer sich auf sie setze,
Weil dieses a.) der Plätze Sinn
Und b.) der Eisenbahn Gewinn.
Jedoch der Zug, der leere, bleibt
Ganz unbemannt und unbeweibt;

Die Mitternacht ins Fenster schaut –
Es braust und saust gespensterlaut!
Der Mensch, nun schon von Angst getrieben,
Steht auf von seinem Platze sieben
Und setzt sich, reihum wechselnd fleißig,
Hier auf Platz zwölf, dort auf Platz dreißig
Und wandelt überall herum,
Um vorzutäuschen Publikum.
Der Mensch, der sieht, daß ers nicht schafft
Mit seiner einen schwachen Kraft –
Fängt bitterlich zu weinen an,
Aus Mitleid mit der Bundesbahn.

Gegensätze

Ein Mensch, zu reisen um halb zehn,
Beschließt, um sechs Uhr aufzustehn,
Damit er sich nicht hetzen muß:
Gemütlichkeit ist ihm Genuß!
Er blödelt hier, er trödelt dort –
Er braucht ja lange noch nicht fort!
Er trinkt Kaffee und liest in Ruh
Sein Blättchen – er hat Zeit dazu!
Zeit? Höchste Zeit, daß er sich schleune:
Denn plötzlich sieht er, fast ists neue!
Doch wie er sich auch jetzt noch tummelt –
Zu spät: er hat den Zug verbummelt!
Ein andrer Mensch, der leider glatt
Die Aufstehfrist verschlafen hat,

Wacht auf, sieht auf den ersten Blick
Das äußerst drohende Geschick,
Reißt sich zusammen, und geschwind
Braust auf die Bahn er, wie der Wind,
Erwischt den Zug, wenn auch nur knapp,
Und fährt, ein Sieger, glücklich ab.
Wir hoffen, daß Ihr selbst es wißt,
Daß dies ein Lebens-Gleichnis ist.

Platzwahl

Ein Mensch, am Zuge vor der Zeit,
Trifft leere Wagen weit und breit.
Er setzt sich hier, er setzt sich dort
Und geht dann zögernd wieder fort.
Bald ist ihm dies, bald das nicht recht:
Der beste Platz ist ihm zu schlecht.
Nachdem er alles scharf beäugt,
Ist er nun gramvoll überzeugt –
Und auf der ganzen Fahrt gequält –,
Er habe doch nicht gut gewählt.
Ein andrer Mensch kommt spät, verhetzt:
Der Zug ist übervoll besetzt.
Doch sieh: ein Plätzchen ist noch frei!
Der Mensch tut einen Jubelschrei
Und zwängt, durchströmt von solchem Glücke,
Sich kurzentschlossen in die Lücke.
Er freut sich auf der ganzen Fahrt,
Daß Gott sie für ihn aufgespart.

Kurze Saison

Ach, von der Volksschul bis zur Uni
Hat niemand Zeit im Mai, im Juni!
Dafür entläßt dann, Mitte Juli,
Geballt die Stadt den Arbeitskuli.
Noch im August, mit einem Schlag,
Ist Schluß, am ersten kalten Tag.
Wie wär, gar im Gebirg, bei Föhn
Doch der September wunderschön!
Vergeblich – nichts zu retten mehr:
Schon stehn die meisten Betten leer.
Und traurig schleicht der letzte Ober
Um Gartentische im Oktober. –

Ein Hilfsmittel

Ein Mann, heißts, der aus Eigensinn
Noch nie gereist war aus Berlin,
Bekam Befehl vom Alten Fritzen –
Der sich gefreut an solchen Witzen, –
Er dürfe (und man werd' drauf passen)
Die Stadt bei Strafe nicht verlassen.
Der Mann, der nie daran gedacht,
Wird reiselustig über Nacht
Und fleht von Stund an, untertänig,
Ihn rauszulassen, nur ein wenig!
So etwas gibt es nicht mehr, heute?
Oh doch! Wer kennte nicht die Leute,
Die man, je mehr man in sie dringt,
So weniger zum Reisen bringt.
Der einzig mögliche Versuch
Ist, zu erwecken Widerspruch.
Zu sagen: »Ja, Du bist zu alt!
Es ist zu weit, es ist zu kalt!

Ja, Du hast recht, bleib nur daheim!«
Das weckt – vielleicht – den schwachen Keim.
Der nie Dir's hätt als Wunsch erfüllt,
Tuts jetzt aus Trotz: der Löwe brüllt:
»Was, ich zu alt? Den möcht ich sehn,
Der mich dran hindert, fortzugehn!«

Die Zugverspätung

Ein Mensch im Zug nach Frankfurt (Main) –
Um vierzehn-vier sollt er dort sein –
Wird schon in seinem Hoffen schwach:
Er ist noch nicht in Offenbach!
Verspätung – eine Viertelstunde!
Des Menschen Plan geht vor die Hunde!
Er kriegt den Anschluß nicht nach Wimpfen.
Gewaltig fängt er an zu schimpfen.
Ein andrer Mensch, zum Bahnhof laufend,
In Offenbach, zerschwitzt und schnaufend,
Verliert den letzten Hoffnungsschimmer:
Den Zug nach Frankfurt kriegt er nimmer!
Doch wie Musik tönts an der Sperr':
»Heut ists nicht eilig, lieber Herr!
Der Zug kommt heute später an!«
Der Mensch lobt laut die Eisenbahn.
»Des einen Eul«, gilts wieder mal,
»Ist oft des andern Nachtigall!«

Volle Züge

Ein Mensch, der sonst zwar das Vergnügen
Recht gern genießt in vollen Zügen,
Legt just beim Reisen, umgekehrt,
Auf volle Züge wenig Wert.

Reisegenossen

Es ist ein wirklich großer Kummer:
Die Welt wird lauter – und doch stummer.
Wo spricht, selbst in der Eisenbahn,
Ein Mitmensch Dich noch herzhaft an?
Die Dame setzt, gleich der Mimose,
Mit Strafblick sich in Abwehrpose,
Der Herr, mit schmetternd knappem Gruß,
Zieht ein den vorgestellten Fuß
Und alles schweigt, höchst abgeneigt, –
Das Thermometer sinkt und steigt,
Doch kommt in einem feinen Pullman
Nur äußerst selten über Null man.
Daß heute in der ersten Klasse
Ein Mensch noch mit sich reden lasse,
Wird, man erlebts, allmählich selten:
Es will kein Mensch als »unfein« gelten.
Die übertünchte Höflichkeit
Europens trifft man weit und breit
Und meistens halten diese Tünchen
Selbst von Hannover bis nach München.

Ists da wohl falsch, sich einzubilden:
Doch bessre Menschen sind wir Wilden,
Die, ärmlich fahrend in der zweiten
Noch Menschlichkeit um sich verbreiten,
Ja, selbst die Illustrierten tauschen
Und, streckenweis, ein bißchen plauschen,
Mit nötigem Respekt, natürlich. –
Oft freilich auch, höchst ungebührlich,
Stürzt, wie mit Zähnen sich und Messer
Auf Dich ein wilder Menschenfresser
Und eh sich noch die Wege zwieseln,
Gelangs ihm, rein Dich abzufieseln:
Bis auf die Knochen, ganz genau,
Kennt er so Dich, wie Deine Frau,
Indes er selbst, ganz unbenagt,
Kein Sterbenswort von sich gesagt.
Im allgemeinen ist noch größer
Die Zahl der schön-sich-selbst-Entblößer
Die Dir erzählen, noch vor Mehring,
Ihr Reisezweck sei Bismarckhering,
Der heut noch seinen Mann ernähre –
Ja, wenn nicht das Finanzamt wäre...
Und zwischen Ulm und Stuttgart brausend
Kommt er vom Hundert schon ins Tausend,
Vom Fußball spricht er und vom Toto,
Er zeigt Dir Weib und Kind im Foto
Und schreibt Dir auf gleich die Adresse,
Damit man ja nicht sie vergesse. –
Kurzum, zu wenig und zu viel
Ist auch der Narren *Reiseziel.*

Zu leicht befunden

Wird Reisen leicht – vergeßt das nicht!,
Verlierts auch inneres Gewicht!

Gepäck

Verschieden war zu jeder Zeit
Der Anspruch auf Bequemlichkeit.
Und auch, was gelten kann als reinlich,
Zeigt Grenzen, die ganz unwahrscheinlich.
Mit nichts als einem zweiten Hemde
Zieht mancher fröhlich in die Fremde,
Um sich, im warmen wie im kalten,
Dortselbst acht Wochen aufzuhalten.
Ja, selbst ganz ohne weitres Hemd,
Die Zahnbürst in ein Buch geklemmt,
Geht einer wohl auf weite Reisen,
Sich unabhängig zu erweisen.

Am ganzen Leib kein trocknes Fädchen
Kam jüngst zu uns als Gast ein Mädchen,
Mit zuversichtlichem Gemüte,
Ihr Handgepäck in einer Tüte.
Gleich nach dem Krieg war im Hotel
Ein edler Greis mein Schlafgesell,
Der nichts sonst abzulegen hatte,
Als sein Gebiß und die Krawatte.
Diogenes bekanntlich fand,

Zu trinken aus der hohlen Hand
Genüge auch und sei bequem.

Je nun, zum anderen Extrem
Scheint uns die beste Weiserin
Eugenie, die Kaiserin:
Sie nahm, nach Suez, seinerzeit,
Als den Kanal man eingeweiht,
Zweihundertfünfzig Roben mit,
Wobei sie an der Angst noch litt,
Sie habe gar nichts anzuziehn –
Und wem das übertrieben schien',
Der denke an die Mistinguette,
Die, daß sie was zum Wechseln hätt',
Sich Schuhe mitnahm, tausend Paar,
Als sie auf Gastspielreisen war.

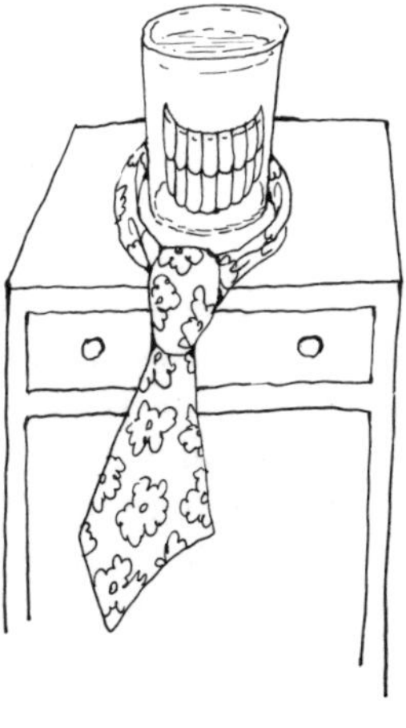

Wer reist, der hab wohl leichten Sinn,
Doch Leichtsinn bringt ihm nicht Gewinn.
Der eine meint, daß kühner Mut
Genüge und ein grüner Hut,
Der andre schleppt, um nicht zu fasten,
Durch das Gebirge Riesenlasten:
»Die rechte Tour, wenn ein Tourist,
In einer Tour auf Touren ißt!« –
Doch sollte er nicht ganz vergessen,
's gibt auch auf Hütten was zu essen!
Der Rucksack ist des Menschen Freund,
Der ziellos durch die Alpen streunt –
Doch ist es falsch, das werd hier deutlich,
Nach Rom zu pilgern, rückenbeutlich.
Muß man drum gleich mit Bügeleisen
Zur Stadt der sieben Hügel reisen?
Man sieht, zu wenig und zu viel
Ist wieder mal das Narrenziel!

Gute Ratschläge

Der beste Rat schier, den wir kennen:
Nie sollst Du vom Gepäck Dich trennen!
Hast Du nur Deine Siebensachen,
Kannst Du Dich unabhängig machen,
Aufbrechen, nie von Angst durchgraust,
Den Koffer eisern in der Faust.
Mit einem Wort: So mache fortan's
Als omnia tua tecum portans!

Genauso gut nun ist Rat zwei:
Mach vom Gepäck Dich möglichst frei!
Im Augenblick brauchst Du nur wenig:
Wer ohne Koffer reist, ist König!
Machs wie Du willst – denn, hast Du Glück,
Dann kehrst Du überzeugt zurück,
Du habest glänzend es geschafft,
Mit Körper- *oder* Geisteskraft.
Gehts schief, wirst jedenfalls Du grollen:
»Ich hätt dem Narrn nicht folgen sollen!«

Zwischenfall

Ein Mensch erspäht zu seinem Glücke
Im Jahresablauf eine Lücke,
In die er, hart terminbedrängt,
Kühn vierzehn Tage Urlaub zwängt.
Und er bestellt, zum festen Preise,
Sich fix und fertig eine Reise.
Nun heißt es schuften, überlegen,
Heißt es, bestricken den Kollegen,
Daß er den Rest noch übernimmt.
Und endlich ists soweit: es stimmt!
Ganz abgekämpft von all der Müh,
Denkt stolz der Mensch: »Bis morgen früh!«
Der Jahre lang nicht weh getan,
Jetzt rührt er sich: der Backenzahn!
Und er tut weh und immer weher:
Der Mensch, ein düstrer Zukunftsseher,
Sieht sich, die Backe hochgeschwollen,
Durchs zahnarztarme Spanien rollen,
Hofft wieder mutig, früh um viere,
Daß doch noch sich der Schmerz verliere,
Und weiß, im Wechsel der Entschlüsse,
Um sechs, daß er zum Doktor müsse.
Der Omnibus fährt ab um sieben:
Ein Platz ist darin leer geblieben.

Veränderungen

Wir wissens zwar mit dem *Verstand*:
Geändert hat sich allerhand!
Jedoch im *Herzen*, ganz verstockt,
Noch tief das alte Weltbild hockt,
Träg wie der Frosch in seinem Pfuhle,
So wie wirs lernten in der Schule:
Mohr, Krokodil und Elefant
War uns als *Afrika* bekannt,
Und wenn man Wolkenkratzer sah,
Wußt' man, das ist *Amerika*.
Im Glanz von Tausendeiner-Nacht
Erglühte *Asiens* Märchenpracht.
Der Türke, rauchend, trank Kaffee
Und der Chinese seinen Tee.
Die Russen waren groß und bärtig. –
Und so scheints uns noch gegenwärtig.
Das meiste, was wir so erträumt,
Ist leider längst schon weggeräumt.
Hochhäuser gibts und Autostraßen,
Wo jüngst die Hottentotten saßen.
Und wo wir noch in tiefster Seele
An Büffel glauben und Kamele,
An Riesenschlangen, Löwen, Tiger,
Ist das Atomzeitalter Sieger.
Trotzdem: wir wollen nicht erwachen –
Die Träume sinds, die glücklich machen!

Resignation

Wer sechzig Jahre wird und älter,
Der denkt in mancher Hinsicht kälter,
Nach Resignatio sich bewegend,
Das leider »keine schöne Gegend«.
Er weiß, daß er ja nur noch träumt –
Das meiste hat er doch versäumt.
Nie wird er sehn mehr die Oasen,
Wo Stuten und Kamele grasen,
Nie wird er, auch nur ein klein bißgen
Noch scherzen mit den Odalisken
Im Zelte, wo, umschränkt von Nacht
Still rechnend der Armenier wacht.
Von Nippons Kirschenblütenzauber
Bleibt ihm erst recht der Schnabel sauber.
Die Lust nach nackten Negerstämmen
Gilt es entschieden einzudämmen,
Und wenn er überhaupt noch reist,
Tut ers am besten – nur im Geist.
Die Mühn und Kosten sind geringer,
Bei Atlas-Reisen, mit dem Finger.
Hat er ein bißchen Fantasie,
Kann er die Welt sehn wie noch nie
Und bleibt auf seinem Platz gebannt,
Als quasi innrer Emigrant.

Je nachdem

Verschieden ist, je nach den Szenen,
Das Ziel, das Reisende ersehnen:
Die Griechen, in Kleinasiens Wüsten
»Thalatta!« froh das Meer begrüßten.
Columbus, als er sah den Strand,
»Tierra!« rief er jauchzend, »Land!«
Der Mensch nach einem Menschen schreit,
Erblickt er keinen weit und breit;
Ein andrer, mitten aus dem Trubel,
Begrüßt die Einsamkeit mit Jubel.
Wer hungrig stapft durch Sturm und Frost,
Träumt, wie behaglich in der »Post«
Er vor der warmen Suppe säß –
Indes ein zweiter, sinngemäß,
Vor Sommersglut schier am Ermatten,

Vom frischen Trunk schwärmt, kühl im Schatten.
Ein Mensch, der sich im Fels verstiegen,
Sieht drunten schön die Almen liegen;
Und einer, bergwärts keuchend schwer,
Denkt sich: »Wenn ich erst droben wär!«
Kurz, jeder ist vom Drang beseelt,
Das zu erreichen, was ihm fehlt.

Arme Reisende

Wir kleinen Reisenden von heute,
Was sind wir doch für arme Leute!
Genötigt, durch die Welt zu rennen,
Von der uns meistens Welten trennen!
Ein Handbuch ist dann besten Falles
Auch wirklich unser Ein und Alles;
Im Ausland gar stehn dumm und stumm
Als wahrhaft Fremde wir herum;
Von Kellnern einzig angesprochen,
Verbringen wir die Reisewochen
Mit »Bitte!« »Danke!« – in der Früh:
»Káffee«! und mittags bloß »Menü!«
Dem Hausknecht sagen wir nur knapp
Und mühsam: »Morgen reise ab!«
Einst zog man aus des Koffers Tiefe
Die prächtigsten Empfehlungsbriefe!
Ach, hätt man heut die Briefe auch:
Man machte kaum davon Gebrauch!
Gesetzt, daß der Geheimrat Goethe

Uns ehrenvollen Willkomm böte
Und ins Hotel uns ließe sagen,
Bei ihm zu essen, in drei Tagen –
Wir gäben Antwort: »Keine Zeit,
Da sind wir schon, weiß Gott, wie weit!«
Für Weimar sind – würd er's verstehn?
Ja nur zwölf Stunden vorgesehn!
Wir reisen in der Welt herum,
Als wär sie ein Panoptikum.

Verwehte Spuren

Nach wochenlangem Weltdurchschweifen
Bräucht manches Zeit, um nachzureifen,
Was, grün gepflückt vom Urlaub-Baum,
Getrieben hat die Blüten kaum,
Geschweige denn die süße Frucht.
Doch in des Jahres rascher Flucht
Verwelkt der Reise frisches Reis –
Vergebens legst Du es aufs Eis,
Begießt es mit Erinnerung –
Im Alltag wirds nicht wieder jung.
Du machst verzweifelte Versuche,
Aus Deinem Reisetagebuche
Noch köstlichen Gewinn zu ziehn. –
Die Tage, Wochen, Monde fliehn.
Hast Du nicht *Bilder* auch gemacht
Und schwarz auf weiß nach Haus gebracht,
Ja, selbst in Farben bunt getaucht,

Was man nur zu entwickeln braucht?
Du schwörst, die längst zu viel gewordnen
Aufnahmen demnächst schön zu ordnen –
Jedoch Du findest keine Ruh:
Schon treibst Du neuen Reisen zu!
Ein Umbruch kommt, ein Krieg dazwischen,
Die Einzelheiten sich verwischen –
Als letzten Rest wirst Du bewahren:
»Da war ich auch – vor dreißig Jahren!«

Ein Geheimnis

Unheimlich – doch wer merkt das schon? –
Ist oft des Reisens Präzision.
Genau, wie Du's vorausgesehn,
Am dritten Mai, um sechs Uhr zehn
Steigst Du, in München etwa, ein,
Um mitternachts in Rom zu sein.
Und so gehts weiter, Schlag auf Schlag,
Programmgemäß, von Tag zu Tag.
Du bist erstaunt, wie alles klappt,
Sobald Du nur Dein Geld berappt.
Auf keine Schwierigkeit Du stößt:
Dein Reisescheck wird eingelöst,
In Ordnung ist Dein Schiffsbillett,
Bereit das vorbestellte Bett,
Der Omnibus fährt pünktlich so,
Wie mans versprochen im Büro,
Und wer sich nicht grad saudumm stellt,

Kommt ohne Stocken durch die Welt.
Halt, halt! Nur nicht zu früh frohlocken:
Just in Trapani bleibst Du hocken,
Doch eingeholt noch vom Geschick!
Schief geht – ab diesem Augenblick –
Jetzt alles, ebenso exakt...
Ein Dämon bracht Dich aus dem Takt.
Vielleicht geschahs zu unserm Heil:
Denn just der zweite Reiseteil,
Den durchzustehn mitunter gräßlich,
Bleibt uns fürs Leben unvergeßlich!

Undankbare Aufgabe

Ein Mensch, im Dorfwirtshaus zur Rast,
Fühlt schlecht behandelt sich als Gast;
Er merkt auch bald, daß noch ein andrer,
Ja, noch ein dritter, vierter Wandrer
Längst heimlich von Empörung klirrt:
So unverfroren ist der Wirt.
Der Mensch macht, sonst gewiß kein Frecher,
Für alle Gäste sich zum Sprecher,
Und weist den Burschen in die Schranken:
Gewiß wirds jedermann ihm danken.
Doch nein, im wilden Wortgetümmel
Siegt, wie so oft, der größere Lümmel:
»Was«, schreit der Wirt, »wem es nicht paßt,
Der war die längste Zeit hier Gast!«
Im Hinblick auf bestellten Braten
Hält es nun jeder für geraten,
Daß er sich drücke und verstumme.
Und stolz – und hungrig! – geht der Dumme.

Strohwitwer

Der Urlaub ist erholsam meist
Nicht nur für den, der in ihn reist;
Auch den, der dableibt, freut die Schonung,
Die er genießt in stiller Wohnung.
So zählen zu den schönsten Sachen
Oft Reisen, die die andern machen!

Stammtischgespräche

Gesprächsstoff, gar nicht auszuschöpfen,
Wird selbst den allerklügsten Köpfen
Der Austausch jeglicher Erfahrung
Bezüglich ihrer *Urlaubsnahrung*.
Der Virtuos, sonst Töne meisternd,
Erzählt begeistert und begeisternd,
Wie er am Würmsee, in Leoni
Zuerst bekommen Makkaroni
Und nachher, für zwei Mark, man denke,
Geschmort in Butter, eine Renke,
Die – doch, schon wird er unterbrochen
Vom Maler, der, erst vor vier Wochen, –
»Ich sage Ihnen, meine Herrn,
Zu übertreiben, liegt mir fern –«
In Glonn aß ein Haxen – soo!
»Wie die verzehrt war, war ich froh!«
Doch eh er sich in Einzelheiten,
Wie er gern möchte, kann verbreiten,

Berichtet laut schon der Verleger,
In Köln bei Schmitz zu essen pfleg' er
Sooft er hinkomm, jedesmal,
Den hochberühmten rheinischen Aal –
Ihn wiederum setzt außer Kraft
Der Mann der Geisteswissenschaft,
Der, gradezu mit Akribie,
Erzählt von einer Radpartie,
Bei der er mit noch zwei Gesellen,
Gegessen dreizehn Bachforellen,
Um achtzig Pfennige das Stück –
Und ganz verklärt schaut er zurück
In jene Zeiten, längst verschollen...
Doch aus der Gegenwart, der vollen,
Formt nun der Holzbildhauer plastisch
Die Gans (mit Händen rundend, drastisch),
Die, mit den Seinen, vor drei Wochen,
Er abgenagt bis auf die Knochen. –
Im Lauf der Schildrung wächst die Größe
Der Gans, wie der Kartoffelklöße,
Bis, unterm wilden Zuruf: »Schluß!«
Der Märchen-Fresser schweigen muß.
Dafür steigt jetzt, als große Nummer,
Des Doktors sagenhafter Hummer,
Der, wenn auch oft und oft serviert,
Doch seine Zugkraft nie verliert.
Der einzige, wie er sonst auch dichtet,
Der Dichter, hier auf Ruhm verzichtet
Und er bekennt, bescheiden-klein:
»So oft ich ausgeh, geh ich ein!«

Individualisten

Willst widern (Fremden-)Strom Du schwimmen?
Träumst Du vom Reisen-Selbstbestimmen?
Willst Du nicht mit der Herde blöken?
Ja, möchtst Du widern Stachel löken? –
Heut ists so weit: wer einzeln reist,
Wird abgeschubst und abgespeist,
Zur *Hochsaison* die ganze Welt
Scheint hoffnungslos vorausbestellt:

»Hier! Platz!!« ruft in der Bahn man freudig,
Doch wird man fortgejagt, wie räudig,
Weil, wie man jetzt erst merkt, die Wagen
Geheimnisvolle Zeichen tragen,
Draus man ersieht, es säße hier
Nur Reisegruppe Käsebier.
Dasselbe man erfahren muß
Bei Bergbahn oder Omnibus.
Man schlägt vor uns die Türe zu,
Wir sind nicht von der »Reiraru«,
Der Gilde »Reise rasend rund« –
Die Abfuhr ist uns nur gesund!

Nach Hirschbühl bist Du oft gefahren. –
Dort steht, Dir schon aus Kinderjahren
Bekannt und seither unvergessen,
Ein Wirtshaus – recht zum Mittagessen.
Du sitzt und Du bestellst auch schon –
Da fragt der Kellner nach dem *Bon*
Und eh Du recht begriffen hast,
Wieso, bist Du schon nicht mehr Gast;
Und grimmig schaut Dich jedermann
Für einen dreisten Burschen an,
Der hinzusetzen sich erkeckt!,
Wo für den Stammgast schon gedeckt!
Du wanderst, wie ein Handwerksg'sell,
Demütig schon: – »Vertragshotel!«
»Werkheim!« ... und selbst die »Alte Post«
(Jetzt »Stafag«) nimmt Dich nicht in Kost
Und gibt nur mürrische Belehrung:
»Für Freitouristen keine Zehrung!«

Wann gibst Du's auf wohl, Du Verwegener?
Ein Ort grüßt jetzt, ein schön gelegener.
In Ruhdorf, endlich, hast Du Ruh –
Ja, lieber Wandrer, das meinst Du!
Doch fragend, wo man übernachtet,
Hörst Du, der Ort sei ganz verpachtet!
Und bis in den November sei
Hier überhaupt kein Zimmer frei.
Drum lasse Dir geraten sein,
Mensch, reise nur noch im Verein,
Als Mitglied, Kunde, Stamm, Belegschaft,
Damit man Dich nicht einfach wegschafft
Als störenden Allein-Touristen,
Der nirgends steht auf ihren Listen.

Gastfreundschaft

Wie oft – und nicht erst heutzutage –
Hört aufgeworfen man die Frage:
»Soll man die Gastfreundschaft verachten
Und im Hotel nur übernachten?
Soll man, sein gutes Geld zu schonen,
Bei Freunden und Verwandten wohnen?«
Natürlich: Not kennt kein Gebot –
Wenn eine Nacht im Freien droht,
Stellt wohl selbst ein Prinzipienreiter
Ins nächste Ställchen seinen Heiter.
Auch stärkt es den Familiensinn,
Hast Du im Beutel nichts mehr drin.

Die Tante Lina, vor dem Kriege
Weitum verschrien als »alte Ziege«,
Zu einer Frau ward, einer prächtigen –
Denn schließlich mußt man ja wo nächtigen.

Doch wie? sollst Du aus freien Stücken
Den andern auf die Bude rücken
Mit Händeschütteln, treu und innig:
»Grüß Gott, Ihr Lieben, seht, da bin ich!«?
Wie? Sollst Du Dich durch kein Erblassen
Beirren in der Absicht lassen
Und durch kein stammelndes Erröten,
Man sei grad heute selbst in Nöten,
Den Sofaplatz, den unbequemen,
Mit frohem Danke anzunehmen?,
Hier scheiden sich die Geister stark:
Der eine schont mehr seine Mark,
Der andre seine Freiheit mehr –
Und ob der recht hat, oder der,
Entzieht sich durchaus meinem Reim.
's kommt ganz drauf an – ich stell' anheim.

Wohl dem, der, von der Welt verschont,
Weitab in einer Kleinstadt wohnt:
Ihn freut der seltene Besuch!
Jedoch die Wohltat wird zum Fluch
Für einen, der, verkehrsumbraust,
In, beispielsweise, München haust.
Natürlich, einzeln nur genommen,
Ist jeder Gast ihm hochwillkommen,
Doch kann, zusammen mit den andern,
Er unsre Ruhe unterwandern.
Er kommt nicht nur zur Sommerzeit,
Nein, auch im Winter, wenn es schneit.
Ein Stützpunkt sind wir allen Guten
Beim Hinwärts- oder Rückwärtsfluten,
Und selbst die ganz Bescheidnen dachten,
Sie könnten hier wohl übernachten.
Ein Mensch – und wär er noch so gastfrei –
Fühlt sich doch meist von einer Last frei,
Ruft ihn ein Zugereister an
Und sagt: »Ich wohn gleich an der Bahn!«
Jedoch, daß das nicht einer liest
Und tief betroffen denkt: »Na siehst!«
Erklär ich gleich mit aller Kraft:
Ich selber bin für Gastfreundschaft!
Hat wer zu tun, will wer was sehn
Und wüßt es sonst nicht hinzudrehn,
Der ist willkommen jederzeit,
Käm er selbst nachts hereingeschneit
Und auf dem Sofa schlief' schon wer –
Ein Notbett bringt man immer her!
Und jedenfalls hat mans bequemer
Als Quartiergeber, denn als Nehmer.

Sinn des Reisens

Die Meinung von den Reisezwecken,
Wird sich durchaus nicht immer decken,
Wie große Zeugen uns beweisen:
Man reise wohl, nur um zu reisen,
Meint Goethe, *nicht* um anzukommen.
Begeistrungskraft, genau genommen,
Sei der ureigenste Gewinn.
Montaigne sieht des Reisens Sinn
Nur darin, daß man wiederkehrt.
Darauf legt auch Novalis Wert;
Er drückt es ungefähr so aus:
Wohin wir gehn, wir gehn nach Haus!
Doch Seume, der – und zwar zu Fuß! –
Spazieren ging nach Syrakus,
Sah geistig, sportlich an die Dinge:
»'s würd besser gehn, wenn man mehr ginge!«

Glückssachen

Hier steht ein Wanderer und flucht:
Er hats im »Roß«, im »Lamm« versucht,
Hat sich erkundigt, ob im »Bären«
Noch Zimmer zu vermieten wären,
Hat seine Koffer, schlecht und recht,
Geschleppt zum »Adler« und zum »Hecht«,
Ihm schwants, daß man wohl auch im »Schwan«
Ihm kein Quartier mehr biete an.

Nun sehn wir den schon nicht mehr wirschen
Heran sich an den »Hirschen« pirschen –
Umsonst die Müh des armen Manns:
's war eine »Ente« mit der »Gans«!
Ein andrer Gast tritt vor der »Gemse«
Ganz selbstverständlich auf die Bremse
Und fragt, ob hier ein Zimmer frei,
Und man sagt freundlich: »Ja, das sei!«
Leicht hört man die Moral hier traben:
»Glück muß man auch auf Reisen haben!«

Vom Schlafen

Wohl dem, der in der fremden Stadt
Ein heimeliges Zimmer hat,
In einem Gasthof, klosterstill:
Er kommt nach Hause, wann er will
Und schläft dafür, so lang er mag –
Wenns regnet, gleich den ganzen Tag.
Mitunter gibt es Wunderbetten,
Wie wir sie gern zu Hause hätten,
So weich, so weiß, so leicht wie Schnee,
Als wiegt' im Arm uns eine Fee.
Nun zählts wohl zu den ärgsten Strafen,
In guten Betten schlecht zu schlafen,
Indes ein schlechts den Trost uns gönnt,
Daß hier ein Gott nicht schlafen könnt.
Nun, wie gesagt, wir schlummern gut.
Nie waren wir so ausgeruht,
So säuglingsrosig-neugeboren,
Wie beispielsweis in den »Drei Mohren«,
Im »Fürstenhof«, im »Goldnen Anker«
Den man verläßt als stiller Danker,
Ja, wie ein Mann, der gramgestimmt
Von seiner Teuren Abschied nimmt.
Man schaut, mit einem Blick voll Liebe –
Und auch, daß ja nichts liegen bliebe –,
Ein Weilchen traurig noch herum –
Dann dreht man hart den Schlüssel um,
Und stürzt – denn einmal muß es sein –
Ins wilde Leben sich hinein...

Vorurteile

Begriffe, die sich eingefressen,
Sind schwer mitunter zu vergessen.
So etwa gilt als fester Satz:
»In Kufstein kriegt man keinen Platz!«
Und deshalb meidet man den Ort –
Auch tausend andre bleiben fort;
Der alte Satz, er gilt nicht mehr:
Dort stehen alle Betten leer.
Es schwuren viele Geld-Bereuer,
In Armenzell sei's scheußlich teuer.
Inzwischen ist man längst dort willig,
Zu nähren Fremde gut und billig. –
Wer einmal neppt, dem glaubt man nicht
Und wenn ers halb umsonst verspricht!
Ein Lehr-Satz hat erst seinen Wert,
Gilt er auch gradso, umgekehrt:
Man weiß, in Passau kriegt man immer,
Auch spät am Abend noch, ein Zimmer.
Und zieht dann sehr bedeppt von dannen:
»Besetzt bis auf die Badewannen!«
Seit Vaterzeiten glaubt man fest:
»Sankt Veit? ein billigs Bauernnest!« –
Und sieht verdutzt an Ort und Stell
Ein neues, teures Kurhotel.
Moral: Verlaß, zu Deinem Heil,
Dich nie auf altes Vorurteil!

Mut

Wie sind die Menschen doch verschieden:
Die einen, ängstlich, sind zufrieden,
Wenn sie (und das in einer Zeit,
Wo kaum ein Gast kommt, weit und breit)
Nur überhaupt ein Zimmer kriegen –
Sollts zwischen Lift und Abtritt liegen.
Und höchstens dann folgt neuer Schrecken
Wenn sie, zu spät, den Preis entdecken. –
Doch nehmen sie ihn hin mit Schweigen...
Und andre lassens sichs erst zeigen
Und sprengen zehnmal dreist und munter
Den Zimmerkellner 'nauf und runter.
Dies ist zu teuer, das mißfällt,
Sie wolln die Möbel umgestellt;
Das beste sie vielleicht noch nähmen,
Wenn sie's als billigstes bekämen –
Nein? Auch gut! Ohne weitres Schwanken,
Sich lang Entschuldigen und Danken
Ergreifen sie die Koffer, heiter,
Und wandern seelenruhig weiter –
Bis sie, und wär es erst nach Stunden,
Das für sie Passende gefunden –
Was wir von Herzen ihnen gönnen –
Denn, Freunde, so was muß man *können*!

Hochbetrieb

Urahn', Großmutter, Mutter, Kind
In dumpfer Stub' beisammen sind –
Dem letzten Raum, der sich noch bietet:
Denn alles andre wird vermietet!
Quer durch die Alpen gellt ein Schrei:
Zimmer frei!

München

Wie der Ägypter vormals viel,
Ja, alles sich versprach vom Nil, –
Daß jährlich er, kraft Überschwemmung,
Das Land befruchte durch Verschlämmung,
So hoffts, nach gleichfalls altem Brauch,
Vom *Fremdenstrom* der Münchner auch.

Rekorde

»Die Fremden« – legt der eine dar –
»Verschlechtern sich von Jahr zu Jahr!«
Der andre: »Heuer, scheints beinah,
Sind die vom nächsten Jahr schon da!«
So geht es, wie man deutlich sieht,
Im Grunde abwärts, ganz rapid,
Doch kann, und kaum wo wie in Bayern,
Triumphe die Rekordsucht feiern,
Die ungeheure Zahlen nennt:
Vermehrung stündlich zehn Prozent!
Es kommen – amtlich festgestellt –
Mehr Gäste jetzt mit weniger Geld.
Das aber wär der Werbung Krone:
Sie kommen wurzweg *alle* – ohne!
Ja, dann noch spräch man stolzen Mutes:
»Welch ein Erfolg – die Menge tut es!«

Rundfahrt

Wohl dem, der durch das Unbekannte
Geführt wird, wie zum Beispiel Dante
Durch Höll und Himmel von Vergil!
Uns freilich würde das zu viel,
Wir hätten heut nicht mehr die Ruh
Und drum auch wenig Lust dazu,
Geführt zu werden so beflissen:
Wir wollens so genau nicht wissen!
Uns dauert schon ein Stadtrundgang
Und gar per pedes! viel zu lang.
Einst wurde Eiligen vorgeschlagen:
»Besichtigt München in zwei Tagen!«
Wir haben längst uns abgefunden,
Es zu erledigen in zwei Stunden.
Was wollt Ihr? Ist ja alles da!
Dom, Rathaus und Bavaria,
Hofbräu und Maximilianeum,
Deutsches und Nationalmuseum,
Schackgalerie und Haus der Kunst –
Hineingehn auch noch? Keinen Dunst!
Die Residenz, die Feldherrnhalle,
Der Königsplatz im Zweifelsfalle –
»Ach, hier stand Hitlers Braunes Haus!?«
Sehr interessant – und damit aus.
Das, notabene, sind die Guten –
Der Böse machts in zehn Minuten!

Vergebliche Mühe

Wie müht der Münchner sich, den Gast –
Obwohl es Landsverrat schon fast –
Nach Schleißheim, Blutenburg zu kriegen,
Ihm Schönes weisend, mehr verschwiegen.
Der Fremdling (eigentlich zum Glück!)
Weist jeden Vorschlag schroff zurück:

»Noch nie davon jehört, ach nee,
Da fahrn wa lieber Tejernsee!«
Der Münchner, selbst begeistert manisch,
Rühmt ihm den Garten, der botanisch.
Dem Gast ist Grünzeug nur ein Graus:
»Da jehn wa besser Hofbräuhaus!«
Amalienburg! Ganz unerhört!!
Jedoch, wie er ihn auch beschwört,
Er bringt ihn hin nicht mit zwölf Rössern:
Der fährt doch nach den Königsschlössern!
So liegt ein großer Trost darin:
Wo Fremde sind, gehn Fremde hin!

Ein Erlebnis

Ein Mensch, der kürzlich ganz privat
Spazierengehn in München tat,
An Leute aus Versehn geriet,
Die standen wo, in Reih und Glied.
Der Mensch wollt ahnungslos vorbei –
Doch schon erhob sich ein Geschrei
Und drohend wurde er gebeten,
Bei seiner Gruppe einzutreten.
»Wie?« denkt der Mensch, »das ist mir schnuppe,
Ich? Ich gehör zu keiner Gruppe!«
Er protestierte – doch vergebens:
Schon ward, trotz seines Widerstrebens,
Der Mensch mit abgezählt zu vieren
Und – Zeit war keine zu verlieren –

Nach Berchtesgaden abgerollt – –
Wo er ja gar nicht hingewollt
Dort ward er pausenlos und stramm
Mit abgewickelt im Programm,
Mit allen Sorten von Vehikeln,
Daß, selber sich herauszuwickeln,
Der Mensch nicht fand den rechten Kniff:
Er fuhr mit Bahn, Bus, Lift und Schiff;
Und hat zum Schluß, schon halb betäubt,
Sich auch nicht länger mehr gesträubt.
Als unfreiwilliger Ersatzmann
Sah er den Königssee und Watzmann
Und ward auch, gegen Mitternacht,
Nach München heil zurückgebracht.

Ein Beispiel

Wie alles kam? Wer daran schuld?
Fragt nicht und tragt es in Geduld!
Die Menschen werden immer mehr,
Zu viele sinds – da kommt es her!
Vernunft wird Unsinn, Wohltat Plage:
Erlaubt, daß ichs im Beispiel sage!
Es lebte, fern vom Großstadtqualm –
Den's kaum erst gab! –, auf einer Alm
Ganz einsam eine Sennerin;
Den Sommer lang kam kaum wer hin,
Als wie ein Jäger oder Hirt,
Bis eines Tages, mehr verirrt,

Der erste Städter vor sie trat
Und sie um Milch und Butter bat.
Ein Jahr darauf schon warens zwanzig,
Darunter auch ein Herr aus Danzig,
Der diese »Bergfee« kaum verstand
Und unverhohlen ulkig fand.
Die Sennrin, die sie freundlich stärkte,
Unmerklich ihren Vorteil merkte,
Indes die Fremden gar noch prahlten,
Wie leicht sie die paar Groschen zahlten.
Sie tat ein Schild hin, daß hier billich
Zu kriegen gute Alpenmillich.
So harmlos fing es also an –
Nichts Unrechts wurde dort getan.
Auf der Hocheckalm, weiter hinten.
Weiß man noch nichts von solchen Finten
Und hat drum einen heiligen Zorn
Auf die Hallodri, weiter vorn.
Hingegen spannt der Tupfersepp
In dunklem Drange was von Nepp
Und eilt herbei mit seiner Zither.
Milch-Umsatz schon zwei Hektoliter!

Leut kamen massenweis herauf:
Drum schlug man Tisch und Bänke auf,
Und baute, daß man besser saß,
Auch einen Kasten vor aus Glas.

Das ganze hieß jetzt »Almwirtschaft«.
Ein Fernrohr wurde angeschafft,
Damit die Gäste, die sich sonnten,
Dabei auch Gemsen sehen konnten.
Leicht fiels den Alpentöchern, -söhnen,
An den Verdienst sich zu gewöhnen
Und dementsprechend umzusatteln:
Statt Vieh zu züchten, schuhzuplatteln.
Und schnell gelangs, ein Heer von »Seppeln«
Und »Gaudiburschen« herzupäppeln.
Längst steht jetzt an der schönen Stell,
Voll »Hoamatkunst«, ein *Berghotel*;
Bereit ist auch die Alm, die hintre,
Daß dort der Sportler überwintre,
Und auf den einst so stillen Triften
Von Bahnen schnurrts und Sessel-Liften.
Die alte Traumwelt ist versunken –
Milch wird nur wenig mehr getrunken.

Die Kunstreise

Ein Mensch von Bildungsdrang und Geist
Ist weit in eine Stadt gereist,
Um dort die für ihn äußerst wichtigen
Kunstschätze gründlich zu besichtigen.
Den Dom, den man bewundern müßte,
Verstellt ein mächtiges Gerüste,

Am Rathaus mauern sie und tünchen,
Der Holbein ist verliehn nach München,
Zwecks Renovierung ist entfernt
Der Pacher, baedeker-besternt.
Noch läßt sich auf Museen hoffen:
Nur mittwochs, drei bis vier Uhr offen!
Zutritt nur auf Bescheinigung!
Geschlossen wegen Reinigung!
Vorübergehend Neuaufstellung! –
Der Mensch, nun schon in Tobsuchtsquellung,
Vergebens plärrt, an Glocken zerrt –
Die ganze Kunst ist zugesperrt!
Ha! Denkt der Mensch, mit Groll im Busen,
Es gibt ja auch noch andre Musen!
Doch leider, Polyhymnia
Ist grad in Ferien und nicht da.
Melpomene und Thalia heute
Nur spielen für Gefolgschaftsleute.
Terpsichore ist ausverkauft...
Der Mensch setzt stumm sich hin und sauft.

Selbstanklage

Ein Mensch, verschlungen vom Berufe,
Von Stufe sinkt er bald zu Stufe,
Bis er sich weit von dem entfernt,
Was er begeistert einst gelernt.
Wie gründlich waren wir vor Zeiten
Doch noch im Reise-Vorbereiten!

Eh wir den Wormser Dom betraten
Warn wir mit allen seinen Daten
Vertraut und allen Baufinessen –
Und heut? Versunken und vergessen!
Wie schwelgten wir im Vorgefühl
Schon auf ein schönes Chorgestühl,
Wir kamen randvoll mit Entzücken
Und griffbereiten Fachausdrücken!
Gabs das, daß wir gelangweilt murrten,
Sprach einer stundenlang von Gurten?
Wir wiegten uns in wahren Wonnen
Beim Anblick von Stichkappentonnen,
Von Diensten, Blenden und Rosetten –
Wo wir uns heut ins Freie retten
Ganz ohne ernsten Wissensdurst
Und heimlich denken: »Mir ists wurst!«
Oh Jugend, Jugend! Kunstgeadelt!
Wir sind gelaufen und geradelt,
Gefahren weit in Rumpelzügen,
Um heiligen Pflichten zu genügen!
Wie kamen wir mit ungeheuren
Erwartungen nach Ottobeuren,
Nach Weltenburg, nach Rott und Rohr –,
Um – heut klingts uns wie Spott im Ohr –
Mit dem Dehio in der Hand,
Zu wandern durch ein Zauberland.
Was galts uns, wenn der Zug schon pfiff?
Wir fuhren ja, im Kirchenschiff,
In unermeßlich weiten Räumen,
Als hätten nichts wir zu versäumen.
Heut (daß uns vor uns selbst oft graust)

Sprichts, wie Mephisto einst zu Faust:
»Unnützes Zagen! Zaudern, Plaudern!
Es dämmert, meine Pferde schaudern!«
Und ungeduldig hörn wir scharren
Das Teufelsroß, den Autokarren!
»Nur dort noch rasch den Riemenschneider!«
»Wir müssen weiter, leider, leider!«
Noch einen Blick, nur einen Schneuz lang,
Wirfst Du verzichtend auf den Kreuzgang –
Der andre ruft verzückt: »Ganz groß!«
Und reißt den Schlag auf: »Fertig, los!«
Noch nachts, die von dem Schand-Besichtigen
Gekränkte Seele zu beschwichtigen,
Liest Du es nach, schon halb im Schlaf:
»Das beste, rechts, ein Epitaph«
Steht da, nebst einem Stern, im Kleindruck –,
»Ein unvergeßlich edler Eindruck!«

Neuer Reisestil

Wer wollte nicht die Jugend lieben,
Die, von Begeisterung getrieben,
Ganz ohne Geld – das sie verachtet –
Die schöne Welt zu sehen trachtet?
Und (zugegeben, leicht verschlampt)
In Scharen durch die Gegend trampt?
Ein junger Mensch, hat er nur Glück,
Fährt mit im Auto, Stück um Stück,
Wobei er meistens reist und bleibt,
Wie ihn der Zufall grade treibt.
Was er erleben möchte gerne
Ist die *Entfernung* – nicht die Ferne!

In Rothenburg, das wir dem Söhnlein
Gezeigt vom Rathaus bis zum Plönlein,
Sprang uns, aus dem Spitaler Tor,
Flink eine reisige Maid hervor,
Ob sie, nebst umfangreicher Bürde,
Von uns wohl mitgenommen würde.
Wer täts nicht gern? Wie eine Lilie
Entsprossen besserer Familie
Zog sie, frisch vom Gymnasium
Ein bißchen in der Welt herum.
Nun gut, sie hatte in der Eile
Gelesen auch nicht eine Zeile,
Was auf der Fahrt sie wohl erwarte,
Sie hatte weder Buch noch Karte,
Sie wußte weder Weg noch Ziel –
Wohin sie kam, galt ihr gleichviel.

Vielleicht wußt sonst sie einen Haufen –
Doch keinen Deut von Hohenstaufen,
Von Riemenschneider und Veit Stoß;
Gehört hat sie von Dürer bloß.
Was sie in Rothenburg gesehn?
Nichts – sie kam hin erst abends zehn.
Doch ließ sie auch in Dinkelsbühl
Die Georgskirche völlig kühl.
Ihr Urteil war recht unterschiedlich:
Bald hieß es »prima!« und bald: »niedlich!«
Worin das riesige Kirchenschiff
Natürlich sie mit inbegriff.
In Harburg machten wir noch halt,
Das Schloß zu sehen, grau und alt.
Sie, gleich am Parkplatz, lacht' sich an,
Statt mitzugehen, einen Mann,
Der heute noch bis Lindau fuhr,
Errötend folgt' sie seiner Spur.
Er nahm sie mit und schon gings los.
Wozu das alles, fragt man bloß.

Reiseschriftstellerei

»Wem Gott will rechte Gunst erweisen,
Den schickt das Feuilleton auf Reisen –«,
So daß man überall wen trifft,
Der grade stellert reiseschrift –
Beziehungsweise (und das oft!)
Den abgrast, der auf Werbung hofft.
Vom Feuerland bis Haparanda
Ertönt der Schlachtruf: »Propaganda!«
Und von der Südsee bis Jamaika
Läuft es herum mit Stift und Leica,
Bemüht, in Worten wie in Bildern
Verlockend Land und Leut zu schildern
Und nicht, natürlich, wieder solchen,
Die gratis durch die Gegend strolchen,
Des Stiles Blüte unbefrostet
Davon, was es im Ernstfall kostet –
Nein, denen nur, die sich entschließen,
Barzahlend all das zu genießen.

*

Wer vierzehn Tag ein Land bereist,
Beschreibt es gleich, als Mann von Geist.
Und sieh, er hat im Grunde recht:
Der erste Eindruck ist nicht schlecht!
Doch nichts zu wissen, war der Schluß
Des alten Gregorovius:
»Wie Rom ist, hört ihr nicht von mir –
Ich bin erst dreißig Jahre hier!«

Trost

Die Welt wird wohl in Ordnung sein –
Nur Du paßt nicht mehr recht hinein!
Du siehst am Meer wie in Tirol:
Den andern ist ja pudelwohl!
Und grade das, was Dir so gräßlich,
Scheint zum Vergnügen unerläßlich
Den vielen – Du meinst, viel zu vielen –,
Die Eis- und Tanz- und Káffe-Dielen,
Wurzhütten, Strandkioske, Buden,
Womit die Welt sie überluden.
Ist längst doch jedem Wirte klar:
Wer Bargeld hat, will eine Bar!

Reklamen, die nicht hergehören??
Ja, siehst Du wen wo, den sie stören?
Wer merkts, daß jeder alte Schuppen,
Ja, häufig ganze Häusergruppen
Blechgrell ihn zwingen zum Gedanken
An Füller, Bleistift oder Banken?
Die überbunten Werbemützen,
Die Schirmchen, die vor Sonne schützen,
Die Fähnchen, die die Wagen schmücken?
Ein Volk kann man damit beglücken:
Das Kind wie der Erwachsne eilt
Herbei, wird so was ausgeteilt,
Und freudig läuft das Publikum
Mit all dem Werbetand herum
Für Zahnputz oder Sonnenbräune –
Und schmeißt ihn abends an die Zäune.

Zufrieden jauchzet Groß und Klein:
»Hier bin ich Mensch, hier darf ichs sein!«
Und daß die Leut mit Flaschen werfen,
Geht Dir, Du Schwächling, auf die Nerven?
Daß Du in Scherben trittst beim Baden,
Ist doch fürwahr ein kleiner Schaden,
An jenem Lustgefühl gemessen,
Mit dem, in schönem Selbstvergessen,
Der Mensch sich zu gegebner Zeit
Von Erdenresten froh befreit.

Du schaust, allein ein Menschenhasser,
Trüb in des Baches klares Wasser,
In das Geschirr, Rad und Matratze
Gleich einem Nibelungenschatze
Für ewige Zeiten man versenkt. –
Du bist der Einzige, den das kränkt.
Und tief im Wald, bei Has und Füchsen,
Wen wollten die Konservenbüchsen
Und die zerbrochnen Thermosflaschen
Denn außer Dir wohl überraschen?
Und wen der wilde Blumenraub,
Verwelkend hier im Straßenstaub?
Nein, lieber Freund, ergib Dich drein:
»Die Welt wird wohl in Ordnung sein!«

Ansprüche

Wir gingen früher, Jahr für Jahr
Dorthin, wo es noch billig war.
Den Bergen fern, was fast uns lieb –
Weil noch ein Rest von Sehnsucht blieb –,
Meint Ihr, daß man dem »kleinen Mann«
Dergleichen heut noch bieten kann?
Ihn treibt die Gärung in die Ferne,
Vom Baedeker die schönsten Sterne
Und jede höchste Erdenlust
Verlangt er, faustisch in der Brust.
Er hat gelernt, ganz ohne Scheu
Zu gehn ins Grandhotel Savoy,
Denn täglich redet man ihm ein,
Er müsse dort gewesen sein.
Oh hüt Dich vor Problemen, aschgrau,
Ob wirklich einmal jede Waschfrau –
Zeig Dich als Menschen und als Christen
Und laß den Sozialtouristen
Neidlos die Welt durchreisen, weit –
Er sitzt nun mal – im Zug der Zeit!

Der Reise-Snob

Der Snob wird's bloß belächeln, wenn
Ich Zugspitz ihm und Alpspitz nenn' –
Hausbackne Gipfel nur in Bayern,
Nicht wert, die Namen herzuleiern.
Ganz anders, nimmt man an, er steh
Am lac lemain (schlicht: Genfer See):
Dent d'Oche, Jumelles, Cornettes de Biche,
Den Grammont nennt er uns gewiß,
Denn das, verehrte Herrn und Damen,
Sind literärisch hohe Namen!
Wird er in Mantua sich versagen,
Vom Schloß zu sprechen der Gonzagen?
Er spricht, man kann sich drauf verlassen,
In Monaco von Monegassen.
Will er, in herrlichem Verwildern,
Den Park von Taxelreuth uns schildern,
Vergleicht er ihn, im Handumdrehn,
Mit allen Parks, die er gesehn;
Sogar im Schwarzwald, in St. Blasien,
Denkt er an Bäume aus Kleinasien
Und vor dem Palmenwald von Elche
Schwört er, er sah in Bombay welche
Auf seiner großen Indienfahrt –

Kurzum, es bleibt uns nichts erspart.
Ja, auf dem Rund des Erdenballes
Kennt er natürlich schlechtweg alles,
Und nötigen Falles auch noch mehr –
Doch »macht er davon nicht viel her«.

Nur ab und zu, wie eine Blume,
Streut er was ein, zu seinem Ruhme.
Die Namen, die auch uns geläufig,
Ersetzt er durch verschrobne häufig,
Und »im Tyrol« und in »Iberien«
Verbracht' er seine letzten Ferien.
Montreux hat, wie wir selber wissen,
Die schönsten Felder von Narzissen:
Er aber weiß es so zu drehn,
Als hätte *er* nur sie gesehn.
Er bringt Dir, als ein Überkenner,
Ganz England leicht auf einen Nenner,
Auch sagt er, dumpf wie aus dem Grab,
Paris – den Rummel lehn' er ab.
Er sei noch heut davon erschüttert,
Wie man ihn schlecht dort abgefüttert.
Vom Kochen wüßten nichts die Schweden,
Von Deutschland gar nicht erst zu reden!

Hingegen gibt er uns den Rat,
Zu speisen im Valais, im Waadt,
Wo sie die besten Raqueletten,
Die jemals er gegegessen, hätten.
Er priese, um uns anzuöden,
Mausdreck auf Artischockenböden.
Wir lieben auch die gute Küche –
Doch unerträglich sind die Sprüche!
Kaum sind wir selbst für was entflammt –
Was gilts, daß er es gleich verdammt
Und uns erklärt, mit Zahnwehmiene,
Daß Rom nicht länger Ruhm verdiene –

Ein Ziel des Reisepöbels bloß. –
Doch San Sepolcro sei ganz groß,
Das, höchstwahrscheinlich, außer ihm,
Kaum einer kenne, so intim…
Dem wahren Kunstfreund Dank und Lob –
Doch unerträglich ist der Snob!

Zur Warnung

Dreist wagt die Technik zu bekunden:
Natur ist völlig überwunden!
Der Mensch (oh Fortschritt, sei gesegnet!)
Dem Menschen einzig nur begegnet!
Zu Schlüssen kommen, ziemlich andern,
Oft die, die in den Alpen wandern:
Ein Schneesturm braust und es wird neblich;
An Technik fehlt es ganz erheblich.
Natur ist *nicht* zu überwinden,
Kein Mensch ist weit und breit zu finden
Wer also in Gefahr gerät,
Kehr erstens um, noch eh's zu spät,
Und zweitens, kanns kein Wirtshaus sein,
Zum mindsten bei sich selber ein:
Natur, uns als gezähmt gepriesen,
Wird unversehns zum wilden Riesen
Und hält sich, gar wenn man sie neckt,
Nicht unbedingt an den Prospekt!

Werbung, Werbung!

Die Reiselust Dir zu beraten,
Starrt jede Wand bunt von Plakaten,
Wo Leute Dir entgegenglotzen,
Die von Erholung förmlich strotzen.
Es schäumt von Nordseewogenplätschern,
Es schimmert wundervoll von Gletschern,
Es leuchtet bunt von Blumenwiesen,
Es strahlt von heißen Paradiesen,
Mondän – exotisch und erotisch,
Es dräut von Türm- und Toren, gotisch,
Es lockt zu Fest- und Freilichtspielen,
Mit tausend Zügen, tausend Kielen
Braust es hinaus in alle Welt –
Und kostet beinah fast kein Geld!
Mit Zahlen, gradezu gespäßigen,
Beweist man Dir, wie durch Ermäßigen
Der Reisende, hat er nur Glück,
Noch bringt sein bares Geld zurück.
Es grenzt schon beinah an Gewalttat,
Wie man bedrängt Dich mit dem Faltblatt,
Das Dir beweist, wenn Du's entfaltet,
Wie herrlich Gottes Welt gestaltet.
Die *Presse* (Inserat wie Text)
Sucht täglich, wie sie Dich behext,
Es schlagen Funk und Film Dich breit,
Zu reisen billig, aber weit.
Und schließlich, oh Papierverschwendung!
Erfaßt man Dich durch Postwurfsendung
Als Fernsprech- oder sonst -Teilnehmer:

»Sie reisen billiger, bequemer
Mit den beliebten Ferienreisen
Zu beispiellosen Serienpreisen!«
Für neunundneunzig Mark und achtzig
Entrollt bereits des Südens Pracht sich;
Für fünfundvierzig Mark und zehn
Kannst Du am Fuß des Glockners stehn,
Wo man, vergessend den Gewaltstreich,
Dich grüßt als Bruder aus dem Altreich.
Spottbillig drückt (wenn auch voll Schmerz)
Der treue Schweizer Dich ans Herz,
Es lassen Dänen auch und Schweden
In puncto puncti mit sich reden
Und: do re mi fa so la si do:
Acht Tage hundert Mark am Lido! –
Man lockt in Taunus Dich und Harz bald,
Bald in den Spessart und den Schwarzwald;
Wie, wenn wir Steiermark und Kärnten
Einmal von Grund auf kennenlernten?
Sind wir im Zweifel, obs da schön,
Empfiehlt man Eifel uns und Rhön.
Muß es Natur sein, die erquickt?
Wird in Bayreuth nicht schön musikt?
Auch München, Salzburg überlege!
Und Köln liegt immer doch am Wege!
Wie man, das Haus mit Büchern voll,
Oft nicht weiß, was man lesen soll,
So, in der Welt just mittendrin,
Weiß man vor Plänen nicht, wohin.

Wegelagerei

Kein Mensch wird Reisende mehr morden:
Wir sind ja so human geworden!
Auch plündern wird man nicht die Fremden,
Zum mindsten nicht bis auf die Hemden.
Man zwingt sie nur, sich loszukaufen –
Dann läßt man gern sie alle laufen;
Und tut man nur ein bißchen bieder –
Paßt auf, die Trottel kommen *wieder*!
Seht den berühmten Reiseort:
»Alarm! Sie kommen!« Und sofort
Aus allen Löchern kriechts wie Spinnen,
Aus Gästen Nahrung zu gewinnen.
Sei's daß in Gegenden, mehr südlich
Du angeschnorrt wirst, unermüdlich,
Sei's, daß mit Taxen, schein-behördlich,
Den Fremdling man erpreßt, mehr nördlich, –
Es schwankt, nach Ländern und nach Sitte
Leicht zwischen Forderung und Bitte.

Ein freies Plätzchen winkt am Markt –
Doch kaum hat man dortselbst geparkt,
Kommt schon Mann eins mit der Gebühr.
Mann zwo harrt an der Kirchentür,
Allwo zwar steht: »Bedenk, oh Christ,
Daß dieses kein Museum ist!«
Was aber den besagten Mann
Durchaus nicht daran hindern kann,
Nicht etwa fromm Dich anzubetteln,
Nein, zu versehn mit Eintrittszetteln.

Kaum bist Du drin, erscheint Mann drei
Und schließt Dir auf die Sakristei.
Er läßt Dich, da hier nichts zu sehn,
Gern (gegen Trinkgeld) wieder gehn.
Mann vier (Museum!) macht es gründlich:
Einstündige Führung ist hier, stündlich.
Du kämpfst, in Händen Deine Quittung,
Dich als Besucher von Gesittung
Geduldig durch die Trödelmassen.

Du schlenderst harmlos durch die Gassen,
Bestaunst ein altes Einfahrtstor –
Schon schießt ein welkes Weib hervor
Um, unter Hinweis auf die Schweden,
Gewaltig auf Dich einzureden.
Entlohnt für was, das sich nicht lohnt –
Daß etwa Tilly hier gewohnt –,
Zieht sie, gottlob, sich bald zurück.
Du wanderst weiter noch ein Stück,
Da sperren, auf gedrangem Steg,
Zwei Fremdenfänger Deinen Weg,
Gewillt, Dich fürder zu begleiten.
Zum Kampfe mußt Du Dich bereiten –
Doch bald ermattet, greift die Hand
Zum Geld, das Deiner Freiheit Pfand.
Du sinkst auf eine Bank im Park:
»Kurgarten – Eintritt eine Mark!«
Die weitern Schröpfungen erwägend,
Fliehst du, noch mittags, aus der Gegend.

Lärm

Daß alle Welt so reiselustig,
Wird zum Probleme der Akustik.
Wenn auch des Menschen Trachten groß,
Ihn durchzuführen reibungslos,
Ist der *Verkehr* doch, als Bewegung
Nur Reibung und drum Lärm-Erregung.

*

Des Südens Lärm scholl unermüdlich –
Doch – welche Wohltat: er war südlich!
Die Esel schrieen und die Treiber,
Die Händler, Bettler, Kinder, Weiber,
Man zog mit Quietschen und mit Knarren
Im Morgengrauen los mit Karren.
Und an Orchestrion-Musiken
Konnt man sich Tag und Nacht erquicken.
Hats auch nicht immer wohlgetan,
Im Grund gings einen gar nichts an.
Damit hats leider jetzt ein End –
Und Tempo herrscht, statt Temperament.
Italien, das ja ziemlich lang,
Wird heut durchrast im vierten Gang,
Vom Brenner bis Caltanissetta
Erbrausen Vespa und Lambretta.
Längst übertönt Motorenlärmen
Eintönig tausendtöniges Schwärmen.
Und weh dem Land, das heut entdeckt
Der Mensch, das große Lärm-Insekt!

Verwirrung

Du weißt bestimmt, daß Du Athen
Mit eignen Augen hast gesehn,
Hingegen nie Olympia –
Wie? Oder warst Du doch schon da?
Von tausend Büchern, Filmen, Bildern
Muß die Erinnerung verwildern.
Sahst Du die Landschaft von Duino
In Wahrheit oder bloß im Kino?
Hast Du davon soviel gelesen,
Als wärst Du wirklich dort gewesen?
Du kannst, wollt wer Dich dazu treiben,

Das Matterhorn so gut beschreiben,
Daß – will ers wissen überhaupt –
Dir jeder, daß Du dort warst, glaubt;
Kannst umgekehrt, nach Jahr und Tagen,
Fast nichts mehr von Ragusa sagen
Als das, was auch, wers *nicht* kennt, weiß:
Es ist sehr schön, doch ziemlich heiß.
Einst war, was man nicht selber sah
Auf Reisen, überhaupt nicht da,
Und Gottes Land vor einem lag
So herrlich, wie am ersten Tag.
Heut kennst durch Bild, durch Wort und Welle
Du's längst, eh Du an Ort und Stelle.

Mitbringsel

Hat eine Reise wer gemacht,
Gleich heißts: »Was hast Du mitgebracht?«
Urgroßmama, den Schalk im Nacken,
Sprach da: »Zwei kalte Hinterbacken
Bring ich und ein Paar müde Füß
Und vom Schwarzpeterl schöne Grüß!«
So derb und karg wie in dem Falle
Antworteten gottlob nicht alle;
Fand doch, wer nur ein bißchen willig,
In aller Welt was, nett und billig.
Doch kanns selbst Guten kaum gelingen,
Heut noch was Schönes mitzubringen.
Ist doch die ganze Welt im Grund
Nur übervoll vom gleichen Schund!

Reiseandenken

Oh Edelweiß und Alpenrosen,
Geldbeutelige Lederhosen,
Kuhglocken, goldig, läutend hell,
Mit einem Bild von Bayrischzell,
Oh Birkenholz und Rindenrahmen,
Stocknägel mit berühmten Namen,
Oh Stöpsel mit den Zahnwehbauern –
Ich weiß, Ihr werdet ewig dauern!
Die ganze Welt wird untergehen,
Ihr werdet noch im Laden stehen,
Samt allem, was mit Euch verwandt,
Teils kerbgeschnitzt, teils tiefgebrannt.
Nun, was ich immer noch versteh:
Man kauft in Ammergau ein Reh,
Ein Englein oder ein Madönnchen –
Von mir aus auch ein Branntweintönnchen
In München, ähnlich einem Faß,
Mit Hofbräukrüglein für das Naß.
Doch was hat mit drei indischen Affen
Aus Bronze Rothenburg zu schaffen?
Was geht ein Teller aus Porzlan
Von Meißen etwa Garmisch an?
Und der Gedanke liegt wohl fern,
Daß man sich Bernstein kauft – in Bern.

Von Pol zu Pol, von Kap zu Kap
Feilscht allzeit wer wem wo was ab
Und ist vor Wonne ganz verwandelt,
Wenn er es billiger erhandelt.

Was man von weither mitgebracht,
In *Sachsen* wurde es gemacht.
Aus Algier nun, ein Messingbecken,
Kann den Verdacht wohl nicht erwecken:
Denn, sagt der Käufer stolz-zufrieden:
»Ich sah den Meister selbst dran schmieden!«
Nun ist nicht alles falsch und schlecht.
's ist manches preiswert auch und echt.
Doch sucht der Fremde, der gewiegt,
Daß er es um ein Drittel kriegt.
Vielleicht hast Du auch, Leserin,
Der dürftigen Malteserin,
Von Deiner Handelskunst beglückt,
Um ein paar Groschen abgedrückt
Das Spitzentuch, dran manche Nacht
Sie emsig klöppelnd hingewacht.

Nun freilich will, wer ein Tourist
Von echtem Schrot und Korne ist,
Nicht alles käuflich nur erwerben:
Freut nicht weit mehr der Tonkrugscherben,
Den man sich aufhob mit Geschick
Im unbewachten Augenblick?
Vom Bett Napoleons ein Zipfel,
Ein Stückchen Fels vom Zugspitzgipfel?
Ein Lorbeerzweig – nun, man kann fast
Schon sagen, ein gewaltiger Ast,
Den man an Dichters Grab geklaut
Und heimlich im Gepäck verstaut?
Den man im Hofbräuhause stahl:
Der Maßkrug ist das Ideal!

Hätt man nicht, von Gefahr umwittert,
Vor Gier und Angst zugleich gezittert,
Wer weiß, ob all das Zeug uns freute:
Der Mensch ist mythisch aus auf Beute.
Und in ihm steckt, verwunderlich,
Höchst albern meist, ein Alberich.

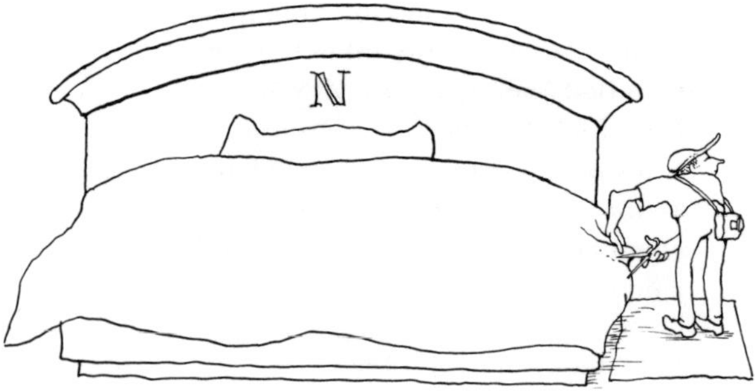

Lichtbildnerei

Die Wirklichkeit hält häufig nicht,
Was uns das Werbebild verspricht,
Weil mans so günstig selten traf,
Wie der erfahrne Fotograf.
Der stellt sich dorthin mit viel List,
Wo's kaum noch menschenmöglich ist,
Daß Mast nicht noch Reklameschild
Ihm kommen ins erwünschte Bild.
Er turnt, sein Blickfeld zu erweitern,
Herum auf Dächern und auf Leitern,
Ein Mädchen in der Landestracht
Hat er sich selber mitgebracht,
Und fünf Uhr früh siehst Du ihn lauern
Aufs Ochsenfuhrwerk eines Bauern.
Kurz, Kennerblick und zäher Wille
Erzwingen nochmal die Idylle,
Die eigentlich schon lange fort –
Bis Du kommst, stehn nur Autos dort.
Die Berge nimmt er auf bei Föhn
In Wolken, die besonders schön,
Und bei Schloß Chillon, beispielsweise,
Drückt er sich an die Bahngeleise.
Du selbst, entbehrend solcher Tips,
Hast wenig Glück mit dem Geknips.
Drum kauf, das rat ich Dir, Geselle,
Ein Meisterbild an Ort und Stelle!

Allein? Zu zweit?

Der gute Rat von Eichendorffen
Ward oft befolgt und oft verworfen:
Es sollt, wer in die Fremd will wandern –
Weil, jubelnd selbst, ja doch die andern
Ihn lassen ganz alleine stehn –,
Vorsorglich mit der Liebsten gehn.
Wer klug ist, machts von Fall zu Fall,
Denn alles paßt nicht überall.
Paris sollst Du allein besehn –
Wer trägt denn Eulen nach Athen?
Jedoch zu zweit schaut London an –
Besonders, wenn *sie* englisch kann.
Die Hochzeitsreise nach Venedig
Machst Du am besten oft und ledig,
Damit Du das bei Zeiten lernst,
Gesetzt den Fall, 's würd einmal ernst.

(Dann freilich wird die Reise nie
So wichtig sein wie die Partie!)
Falsch kann mans machen, wie mans macht:
Leicht hättst Du Dir wen angelacht –
Doch hast Du schon dabei die Deine.
Das nächstemal fährst Du alleine.
Doch nichts, wohin Dein Augen schaut:
Jetzt wärst Du froh um Deine Braut.
Als ratlos muß ich mich bekennen:
Soll man den *Ehe*-Urlaub trennen?
Erprobt schon oft ich beides hab:
Ich rate zu – ich rate ab!

Vom Zelten

Der Welt erschließt sich eine Welt:
Der jüngste Schlager ist das *Zelt*!
Doch gibts schon wieder da zwei Welten:
Hie Camping! und hie wildes Zelten!
Das Camping ich zuerst erwähne.
Sein Grundsatz lautet: Hygiene!
Mit Meldung, Parkplatz, Klo, Kantinen
Muß es der höchsten Ordnung dienen,
Bei Tag und Nacht ist es bewacht,
Daß niemand Lärm und Unfug macht,
Mit Hilfe von gestrengen Regeln
Schützt sichs vor Dieben und vor Flegeln.
Und daß der Mensch nicht ziellos streunt,
Wird es natürlich eingezäunt.

Kurzum, es ist der letzte Schlager:
Freiwilligs Internierungslager!
Was aber tut man mit der Jugend,
Die ohne Geld und ohne Tugend
Und leider Gottes, gar nicht still,
Ein wildes Leben führen will?
Kann Menschen man, oft halb erst wüchsig,
Im wilden Wald, wo hasen-füchsig
Die Tiere gute Nacht sich sagen,
Zu lassen ohne Aufsicht, wagen?
Wird hier, so wird mit Recht gewarnt,
Nicht böses Tun als Sport getarnt?
Sind diese jungen Menschenkinder
Auch wirklich *Tugend*-Pfadefinder?
Verkehrsfachmann wie Bürgermeister,
Den *wilden* Zeltler von sich weist er,
Der bloß ein schlichtes Stahlroß sattelt,
Im Faltboot auf den Flüssen paddelt.
Nur die Erlegung von Gebühren,
Heißts, kann zum edlen Camping führen.
Ergriffen lesen wir die Mär,
Daß Männer, millionenschwer,
Zwar unter Zelten schlummern, nachts –
Dem Wirt doch wenig Kummer machts,
Weil sie, den Smoking bei sich habend,
Bei sehr viel Sekt und Tanz den Abend
Bei ihm im Grandhotel verbringen,
Ganz dicke Gelder lassend springen.
Oh zeltet nur, weil dann, vielleicht,
Die Zahl der freien Betten reicht!

*

Schon Schillern sehen wir sich giften,
Daß der Nomade ließ die Triften
Einst wüste liegen, wo er strich.
Was gab die Heilige Ordnung sich
Doch Müh, den ungesell'gen Wilden
Zu rufen rein von den Gefilden,
Zu lehren ihn die sanften Sitten
Und ihm zu friedlich festen Hütten
Zu wandeln sein beweglich Zelt!
Heut zeltet wieder alle Welt
Und hält es mehr mit Goethe eben:
»Es soll der Mensch in Zelten leben!«

Gesellschaftsreisen

Leicht ists, die Ärmsten zu verspotten,
Die reisend sich zusammenrotten,
Den schönen Vorteil wohl benutzend,
Daß alles billiger im Dutzend.
Es sind nicht nur die niedern Preise,
Die führten zur *Gesellschaftsreise*:
Der Mensch mußt, jammervoll allein,
Von Gott und Welt verlassen sein,
Von Mensch zu Mensch nicht mehr gebunden,
Eh er sich damit abgefunden:
Seit echte Freiheit nicht mehr waltet,
Nimmt er die Freizeit hin, gestaltet.
Gesellschaftsreisen sind beliebt,
Seit es »Gesellschaft« nicht mehr gibt.

Der Mensch, vereinsamt weit und breit,
Ermangelt der Gelegenheit,
Den Wanderfreund sich selbst zu suchen:
Er läßt sich seine Reise buchen
Und es fällt schwer, daran zu kritteln –
Läßt er doch durch Büros vermitteln
Und durch Annoncen, aufgegeben,
Gefährten sich fürs ganze Leben!
Und hat er Glück – was gern wir hoffen! –
Dann hat ers gar nicht schlecht getroffen.
Drum, Mensch, bedenke Dich nicht lange
Und kauf die Reise von der Stange!

Entfesselte Welt

Laut preisen die Prospekte an:
Mit Omnibus und Schiff und Bahn
Italien in sieben Tagen –
Und billig, es ist kaum zu sagen!
Am fünften Mai beginnt die Tour:
Ab München: dreiundzwanzig Uhr!
Am elften Mai trifft der Verein
Um sechs Uhr früh hier wieder ein –
Womit man leicht, nach Adam Riese,
Die Siebentagefahrt bewiese.

Doch ein solides Unternehmen
Wird solcher Praktiken sich schämen:
Denn es erfüllt nicht nur sein Soll,
Es macht die Tage *übervoll*!
Da rollt um sechs Uhr früh bereits
Im Omnibus man in die Schweiz
Und fährt von München über Ulm
Am ersten Tag bis Rigi-Kulm.
Am zweiten: runter von der Höh
Und über Bern bis nach Montreux,
Und nachts, in sehr bequemer Fernfahrt
Nach Genua (über den Sankt Bernhard).
Dortselbst – wie sich das günstig trifft! –
Wird man noch abends eingeschifft
Und andern mittags wieder aus.
An Bord lebt man in Saus und Braus.
Ein Schiff von dreißigtausend Tonnen
Hat ungeahnte Luxuswonnen:

Zum Beispiel wartet unser hier
Kopfbogenstolzes Briefpapier,
Auf dem wir – was wir ihnen gönnen –
Neidgrünen Freunden schreiben können,
In dichterisch gehobner Prosa,
Daß wir an Bord der »Monte Rosa«.

Vertragen muß mans nur rein physisch:
Die Gegend, die ist paradiesisch.
Man kann nach Wahl nun: a) im Hafen
Bis abends, vor Erschöpfung, schlafen,
Und b) sich Stadt und Land besehn
Und c) sogar zum Baden gehn.
Um Mitternacht reist man nach *Rom* –
Mit Stadtrundfahrt und Petersdom.
Florenz – es läßt sich nicht verschweigen:
Hier ist nur Zeit, rasch umzusteigen.
Die Stadt ergreift uns mit Gewalt
Bei acht Minuten Aufenthalt.
Man zählt' Euch auf von mancher Stadt
Die Sehenswürden, die sie h a t.
Doch wenn Ihr sie zu *sehen* glaubtet –
Lest nach: das hat kein Mensch behauptet,
Jetzt aber kommt der Reise Krone:
Vier Nächte Weltbad Milarone!
(Ein Ort, der gestern erst entstand:
Ein Teil Beton, neun Teile Sand.)
Hier schwelgt im Glück der Sonnenfreund,
Die Haut bald, bis sie platzt, gebräunt.
Der Fremden Zahl ist Legion.
Zu Fremden-Legionen schon

Von Werbern überall gepreßt
In Nord und Süd, in Ost und West,
Sieht man sie durch die Gegend rasen;
Zum Nahkampf kommts oft, bei Oasen,
Um Tisch und Bett, um Bank und Stuhl,
Um einen Platz im Badepfuhl,
Im Berglift und im Omnibus,
Bei Hitze und im Regenguß.

Doch auch an anderen Programmen
Kann Reiselust sich hell entflammen:
Nach einer schweren Dreizehnstundfahrt
Erfolgt noch abends eine Rundfahrt.
Reist man auch notgedrungen massisch,
Bleibt man, trotz dritter Klasse, klassisch
Und kehrt nach Haus zurück als Rühmer
Der vorgeschriebnen Altertümer.

Erreicht ist nämlich lange schon
Die Schwemm-Kanalisation,
Um täglich dreißigtausend Preußen
Etcetra durch die Welt zu schleusen
Und ohne weitre Schwierigkeiten
Jeweils den Stätten zuzuleiten,
Die (freilich ohne viel Genuß)
Der Mensch gesehen haben *muß*.
In eignen Reisekonferenzen
Sucht man den Fahrplan zu ergänzen,
Daß (was bei solchem Zudrang schwer!)
Stets flüssig bleibe der Verkehr
Und, etwa in der Blauen Grotte,

Nicht heillos sich zusammenrotte,
Die Gäste nicht, die ganz verblüfften,
Schon kommen, ehs gelang, zu lüften
Die Betten, die vom letzten Schwarm
Zwar noch nicht schmutzig, doch noch warm.

Obzwar die Spur längst glattgehobelt,
Machts Müh doch, bis mans ausgeknobelt,
Daß sich die Linien nicht verwirren,
Gefährlich wäre jedes Irren.
Die Gruppe sechsunddreißig a
Fährt über Nacht nach Padua
Und übernimmt (das ist der Dreh)
Die Betten dort von neunzehn c,
Die nun, nach Kurzschlaf, ihrerseits
Schon unterwegs sind in die Schweiz.
»Neapel sehen und dann sterben –!«
Doch also sollst Du nicht verderben:
Man läßt Dich drum grad so viel sehn
Als Du, noch lebend, kannst bestehn.
Ein Schwächling freilich wird oft mürbe,
Daß er schon vorher lieber stürbe!

Auch Spanien gilt als Reiseziel
In jüngster Zeit besonders viel.
Man schießt Dich, wie mit dem Torpedo,
In vierzig Stunden bis Toledo;
Und wem das noch zu langeweilig
Und wer besonders neugier-eilig
Der fahre mit dem »gelben Blitz«
Geradewegs bis Biarritz

Und mache, stets in Sonderwagen,
Erholsam »Spanien in drei Tagen«.
Er paß nur auf, daß er Madrid
Und Granada nicht übersieht!
Madrid? Madrid? War das die Stadt,
In der es so geregnet hat?
Und Granada? Kann mich besinnen:
Da tanzten die Zigeunerinnen!
Schaut nur in den Prospekt hinein:
Ich muß ja dort gewesen sein!

Reklame

Des Passes Höhe ist genommen –
Italien heißt uns willkommen!
Und zwar mit Worten wie mit Taten:
In Form von riesigen Plakaten!
Es grüßt mit Salben und mit Seifen,
Mit ungeheuren Autoreifen,
Es zeigt ein Weib uns, frisch und rosig
Die Beine, werbend seidenhosig
Weit in die Fahrbahn vorgestreckt,
Ein andres, das die Zähne bleckt,
Damit, im neuen Land zu Gaste,
Man sich gleich auskennt mit der Paste.
Ein drittes, mit gewölbtem Busen,
Nährt unsren keuschen Drang nach Blusen
Und in die nächste Werbebresche
Zwängt eines sich mit Unterwäsche.
Ein Knäblein plätschert, im Bidet,
Süß-nackt vom Scheitel bis zur Zeh
Und hat man Glück, sieht man die Gletscher
Der Alpen zwischen dem Geplätscher.
Doch nein! Die Alpen sind nicht echt!
Ein neues Schauschild sich erfrecht,
Uns mitten in den Dolomiten
Sie nochmals, hölzern, darzubieten,
Mit schreierischem Werbetext
Von Grand-Hotellen vollgekleckst.
Ein Arm mit Flasche drohend winkt:
»Daß Ihr mir Kognac Stock bloß trinkt!«
Wie überhaupt des Fahrers Seele

Wird eingeschüchtert durch Befehle.
Bis Brixen kennt er schon die Titel
Der Zeitungen und Haarwuchsmittel,
Er weiß, wo an Kalabriens Küste
Er, falls er hinkäm, wohnen müßte,
Und ward schon zwölfmal eingeladen,
Doch in Cattolica zu baden. –
Worauf er denkt, was viele dachten:
Die Schilder nicht mehr zu beachten.
Er fährt, mag's links und rechts auch locken
Blindwütig weiter, ohne Stocken.
Am Straßenkreuz krachts leider wild:
Denn diesmal wars ein Warnungsschild!

Strapazen

Ob man nun arm reist oder reich,
In einer Hinsicht bleibt sichs gleich,
Ob man nur aus der Tüte frißt,
In Häusern erster Güte ißt:
Ja, eher noch, wer praßt und prunkt,
Erreicht das Ziel: *den toten Punkt.*
Am End der Fahrt sieht oft man bloß
Teilnehmer, völlig teilnahmslos,
An Stätten, denen galt ihr Sehnen,
Im Polster ihrer Wagen lehnen:
Voll Überdruß im Überfluß,
Nach Gier verschmachtend im Genuß.
Der Allesfrager ist verstummt,

Der Alleswisser ist verdummt,
Entwitzt der alle Welt-Bewitzler,
Erstarrt der Ansichtskartenkritzler,
Und ausgeknipst der Fotograf –
Sie fahren, überwölkt von Schlaf,
In sich versunken, ganz molluskisch,
Durch Tore, garantiert etruskisch,
Und steigen nicht einmal mehr aus,
Zu sehn Petrarcas Sterbehaus.
Und im Hotel selbst, mitternächtig,
Verschmähn das Mahl sie, reich und prächtig.
Sie schleppen sich ins Bett mit Müh,
Im Ohr noch: »Abfahrt sechs Uhr früh!«

Pauschalreisen

Es mischen tief sich Lust und Qual
Dem Menschen, so er reist pauschal.
Er hat gewählt, kann nicht mehr wählen:
Nur auf Bezahltes kann er zählen.
Was nützt ihm nun sein Neid, sein gelber?
Ist alles doch – sogar er selber –
In seinem Preis jetzt inbegriffen:
Die Fahrt mit Omnibus und Schiffen,
Verpflegung, ja das Trinkgeld gar,
Und alles schon erlegt in bar,
So, daß der Schmerz liegt weit zurück –
Was jetzt noch kommt, ist reines Glück!
Oh nein, mein Freund, so ists mitnichten:
Ein Stachel quält: es heißt verzichten!
Dem, der so reist, ergeht es fast
Wie dem Odysseus, der am Mast
Des Schiffes fest sich binden ließ,
Daß er Sirenensang genieß'.
Und völlig taub für seine Bitten –
Bewachend ihn auf Schritt und Tritten –
Den Fehltritt selbst nicht ausgenommen –
Führn ihn, und es gibt kein Entkommen,
Die Leute, die dazu bestellt,
Quer durch die wunderschöne Welt.
Spräch er zum Augenblick: »Verweile,
Du bist so schön!« Im zweiten Teile
Des Faust kanns jeder lesen klar:
Es wäre aus mit ihm und gar!

Der Reiseleiter

In stillem Beileid denken hier
Der armen, braven Menschen wir,
Die, des Kulturtransports Begleiter,
Verpflichtet sind als *Reiseleiter*.
Mit wahren Bären-Seelenkräften
Obliegen teils sie den Geschäften,
Teils stemmen sie, wie Schwergewichtler,
Die Zentnerlast der Kunstgeschichtler.
Sie dürfen noch nach tausend Fragen
Ein altes Fräulein nicht erschlagen,
Ja, selbst in Sturzseen von Beschwerden,
Nicht einen Zoll breit wankend werden.
Sie müssen, Opfer des Berufs,
Das Nicht-mehr-Rauchen des Vesuvs,
Die Höh, den Umfang seines Kraters,
Das Alter unsres Heiligen Vaters,
Die nähern Daten Wilhelm Tells,
Ja, selbst den kleinsten Schweizer Fels
Erklären aus dem Handgelenke,
Entwirren Knäuel von Gezänke,
Und Antwort stehn dem Herrn, der immer –
Wieso?? – bekommt das schlechtste Zimmer!
Mitunter wechselt man sie aus:
Wer schadhaft, kommt ins Irrenhaus.

Zu spät!

Ja, Stanley oder Sven Hedin,
Die kamen wirklich noch wohin!
Heut ist das leider nicht mehr so:
Besuch den letzten Eskimo,
Durchforsch das tiefe Afrika –
Swinegel ruft: »Ich bin schon da!«
Und wiegen, schüttelnd Schild und Lanze,
Sich Neger wo im wilden Tanze,
Dann sind sie leider schon vom Welt-
Tourismus dazu angestellt.
Ja, zeigt Dir etwa eine Schwarze
Noch unverhüllt die Busenwarze,
Dann sei gewiß, die junge Dame
Macht sich bereit zur Großaufnahme.
Drum bleib daheim! Die Menschenfresser
Siehst Du im Kino ja viel besser!

*

Das Weit-gereist-sein ist ein Wahn:
Dort, wo Du aufhörst, gehts erst an.
Im Lebenslaufe ist zu lesen,
Du seist in Afrika gewesen –
Was wars? Ein drei, vier Stunden langer
Schiffsaufenthalt in Tunis, Tanger;
Wenns hochkommt, steckt man Dir die Nase
In eine Fremdenfang-Oase,
Wo man mit Gruseln Dir versichert,
Daß nachts hier die Hyäne kichert,
Ja, selbst ein Löwe einst gebrüllt,

Was Dich mit großem Stolz erfüllt.
Von Stund an stehst als Held Du da,
Der beinah einen Löwen sah.
Man zeigt Dir, weil Du es bezahlt,
Drei alte Weiber, grell bemalt
Und Du gehst fort mit wunderbarem
Gefühl: »Ich war in einem Harem!«

*

Höchst ratsam ist es, zu vermeiden,
Mit solchen Reisen aufzuschneiden.
Im Zug zum Beispiel schlichten Leuten
Hochmütig-lässig anzudeuten,
Daß aus Nordafrika wir kämen,
Kann leicht empfindlich uns beschämen.
Zur Strafe unsres Ungeziemens
Erfahrn wir, daß, im Dienst von Siemens,
Der andre – wer hätt das gedacht? –
Den Leitungsbau dort überwacht
Und länger als ein ganzes Jahr
In Marrakesch und Oran war.
Die Maid, der – spuckend große Bögen –
Wir stolz erklären, daß wir flögen,
Ist Stewardeß: sie fliegt fast täglich –
Und wir verstummen ziemlich kläglich.

Seereisen

Des Reisens wahrer Inbegriff
Das ist und bleibt ja doch das *Schiff*.
Begeistert lobe es mein Reim:
Man sieht die Welt – und ist daheim.
Man geht an Bord – und schon gehts los!
Dem Schlaf entjauchzt uns der Matros,
Und in der Frühe, beim Kaffee,
Ist man auf ziemlich hoher See.
Am Mittag denkt man sich bereits,
Man wär doch besser in der Schweiz – –
Weil, wer von Wohlsein just gestrotzt,
Nur mühsam dem Gefühle trotzt,
Er hab sich »irgendwie« verdorben.
Am Abend ist man halb gestorben,
Und, zweifelnd stark an Gottes Güte,
Verkriecht man sich in die Kajüte.
Dann ists vorüber – bei den meisten.
Von nun an können sie sich leisten,
Bei, wie sie prahlen, Windstärk' zehn –
Es ist nur drei! – an Deck zu gehn.

Man bete nur, daß man erwische
Die rechte Nachbarschaft bei Tische!
Denn sonst erzählt uns bei der Suppe
Ein Herr vom Rhein, was uns ganz schnuppe,
Beim Fisch ein Fräulein von der Wupper,
Berichtet, was uns noch viel schnupper,
Und, wie Du schweigend Dich verpuppst,
Teilt man Dir mit das allerschnuppst';

Und dauert so was zwei, drei Wochen,
Wirst Du von Bord gehn, ganz gebrochen.
Auch hoffe, daß auf dieser Arche
Zu laut Dein Schlafgenoß nicht schnarche; –
Auch damals tat vermutlich weh
Des Nilpferds Nachbarschaft dem Reh. –

Erst möchtst die Leut ins Meer Du werfen,
Die gräßlich gehn Dir auf die Nerven –
Dann bist Du viel zu faul dazu:
Erfüllt von göttlich reiner Ruh
Unfähig jeglicher Erregung.
Und, notabene, die Verpflegung!
Was erst die Landausflüge bieten:
Nur Treffer – ohne alle Nieten!
Bauwerke, durchwegs prima klassisch,
Und wohlgemischte Völker, rassisch,
Dazu die Flora, teils gestrüppig,
Teils palmenstolz und gartenüppig.
Ists in Neapel uns zu schmierig,
Wird Algiers Bettelvolk zu gierig,
Ists in Port Said uns nicht geheuer,
Und scheint uns Lissabon zu teuer –
Wir kommen gleich, zu unserm Glück,
Aufs blanke, stille Schiff zurück,
Wo, daß kein Abenteuer peinigt,
Umgehend man uns chemisch reinigt,
So, daß stets ausgeruht und sauber
Die Welt bereist der Seeurlauber.

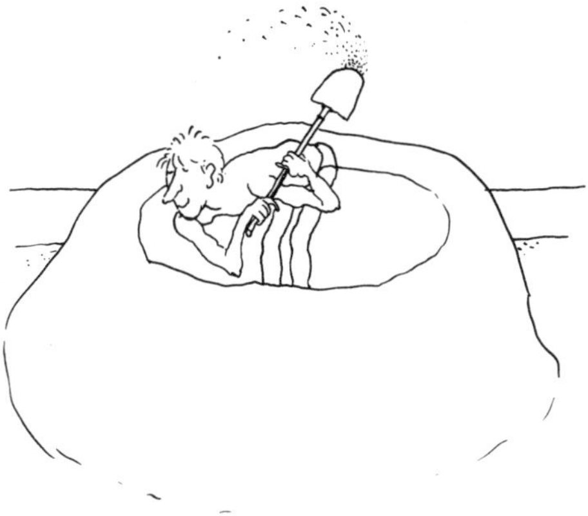

Nordsee

Der Fremdling kommt. Er ist gespannt.
Was sieht er? Sand und wieder Sand.
Der Kitsch der Welt begegnet ihm –
Hier ausgesprochen maritim.
Ob rechter Weg, ob linker Weg,
Es ist der gleiche Klinkerweg.
Und hier soll er drei Wochen bleiben?
Wie soll er sich die Zeit vertreiben?
Soll er sich einen Strandkorb chartern?
Sich gar mit Burgenbauen martern?
Er fühlt sich über die erhaben,
Die eifervoll im Sande graben.
Am zweiten Tag, als Stundenschmelzer,
Holt er hervor den dicken Wälzer,

Doch schaut er, durch und durch versandet,
Bald nur noch, wie die Woge brandet.
Am dritten – wie ein Teufelchen
Gräbt selbst er mit dem Schäufelchen
Und hat am vierten sich, als Gast,
Schon ganz der Umwelt angepaßt.
Die Zeit, der Sand, die Welle rinnt:
Der Mensch wird unversehns zum Kind
Und heult auch wie ein Kind zum Schluß,
Unglücklich, weil's nach Hause muß.

Italienische Reise

Dies Buch wär unvollständig, böte
Es nicht auch ein Kapitel *Goethe*.
Der Dichter reiste mit viel Mühn
Ins Land, wo die Zitronen blühn.
Am dritten – neunten – sechsundachtzig
Von Karlsbad hat er aufgemacht sich
Um drei Uhr früh, bei Nacht und Nebel –
Die Stein wußt nichts und nichts der Knebel –,
Es war ein rechter Schabernack!
Dachsranzen nur und Mantelsack –
Falls jemand's gern genauer läse –
Hat er gepackt in seine Chaise.
Und gleich – das soll uns Vorbild sein –
Gab er viel acht auf das Gestein:
Obs gelblich, rötlich oder schwarz,
Ob es Granit sei, Schiefer, Quarz.

Was hatte Bayern ihm zu bieten?
In Regensburg die Jesuiten,
In München seine ersten Feigen.
Kaum fand er Zeit, hier abzusteigen –
Wie jeder weiß, im »Schwarzen Adler«.
Das findet heut noch viele Tadler:
Was hätte der berühmte Name
Gewirkt für die Verkehrs-Reklame!
Kaum, daß er's Frühstück 'nunterwürg,
Fuhr er schon weiter ins Gebürg

Und reiste gleich, in einem Renner,
Nach Mittenwald und auf den Brenner.
Und wichtig schien ihm wieder dies:
Bald sah er Kalk, bald sah er Kies.
Von Sterzing aber und von Brixen
Sah er bei eiliger Nachtfahrt nixen.
In Bozen konnt er auch kaum bleiben:
Er mußte wechseln, zahlen, schreiben.
Doch hoffte er, wo er gewesen,
In Büchern später nachzulesen.

Schon damals hat es sich bewährt,
Daß gut man »per Anhalter« fährt.
Denn Goethe, auf des Vaters Bitt',
Nahm erst das Harfnermädchen mit –
Was literarisch dann sich lohnte –
Und, daß es seine Füßlein schonte,
Ein Kind, das man nicht weiter kennt,
Auf halbem Wege nach Trient.

Der Leser möge sich des weitern
An Goethes Texten selbst erheitern;
Denn trieb ich fort so, breit im Strom,
So kämen wir ja nie bis Rom,
Geschweige bis Sizilien gar. –
Wie fein heraus der Goethe war,
Der an den Stätten, die ihm lieb,
Rund anderthalbe Jahre blieb.
Das konnt er als Minister halt,
Bei weiterlaufendem Gehalt.
Und dann noch ein besondres Glück:
Als Klassiker kam er zurück!

Ein Münchner in Italien

Ganz anders – und bedeutend schlichter
Als unser großer deutscher Dichter,
Erzählt von seiner Süden-Reis
Der Münchner Xaver Habergeis:
»An Viechszorn auf mi selber hab i:
Natürli, i muaß aa da abi!
Des hoaßt – i net! I kunnt mi halten.
Es war bloß wegen meiner Alten.
Die hört net auf mit dem Gebenz,
Sie muaß nach Rom und nach Florenz!
Warum? Bloß weil sie si' so gift',
Wenns ihre g'schupftn Henna trifft,
Die fanga glei mit dem Geschwärm o'
»Wir waren heuer in Palermo!«
D' ganz Welt ist ja jetzt narrisch wor'n:
Da sag'n s', es langt net hint und vorn
Und fahrn, oft glei' samt de Familien
Per Schub, wenns sei muß, bis Sizilien.
I hätts aa billig hab'n könna –
Naa, sag i, wenn ma's uns scho gönna,
Na mach'n ma's richti, des ist klar:
Entweder spar i, oder fahr!
Und *wenn* i fahr, na net wie's Viech,
Daß i auf'n Transport nix siech
Und passen muaß auf die Hanswurschten,
Die lasserten oan glatt verdurschten,
Weils ein' wie Gfangene begleiten
Zu ihre Sehenswürdigkeiten...
's is mühsam gnua – i will mi schona. –

Sie hat glei fahrn wolln bis Verona
Und hat mir hing'macht so a Fotzn,
Wie i hab g'sagt, mir bleib'n in Bozen,
Da is's no deutsch, bei die Tiroler,
Fürn Anfang waar mir da viel wohler,
Na hanteln mir uns weiter nachher
Schön langsam zu die Katzlmacher!«
Sie sagt: I laß mi na dablecken
Du bleibertst schon in Bozen stecken
Und i hätt mein Italien gsehgn.
No sag i, also, meinetwegn!

So um a viere war'n ma dort.
Verstanden hamma net a Wort.
Wie des no wird, war i im Zweifel.
Sie is glei wie a Schachterlteifel
Losgfahrn und umanandag'wetzt –
I hab mi ins Kaffeehaus g'setzt.
»No, den Can grande und d' Arena«
Sagts, »hättst Dir schließli anschaugn könna!«
»Geh«, sag i, »mach koa solches G'schroa
Du, moan i, schaugst jo so für zwoa!«

Na san mir nach Venedig g'fahrn,
Des kenn i scho von frühern Jahrn.
Des is aa mehr für junge Leut,
Wo's Umeinanderlaufen g'freut
Und 's Schifferlfahrn und 's Täuberlfüttern. –
Jetzt kann's mi nimma so erschüttern.
Die Gondoliere hamm uns g'schlenkt:
Z'erst tun's, als kriegast's halbert g'schenkt,

Bis daß s' Di drin habn in dem Schlag.
Na fahrns' Di' rum an halben Tag
Wo D' gar net hinwillst, nach Murano
Und dappert zahln derfst Di na' aa no!

Zum Glück hab i – wer derf des hoffn? –
Du kennst'n schon, an Pauli troffn.
Der war aa drunten mit der sein'.
Jetzt warn mir fast schon a Verein.
Du! sagt er, is's Dir aa so fad?
Geh, sag i zu ihm, sei do' stad'
Des muß ma tragen halt geduldig,
Des samma unsrer Bildung schuldig!
Na hamma glei – ah, i hab g'flucht –
Den Dings, den Colleoni g'sucht
Zwoa Stunden fast bei dera Hitz'n,
Und richti sehgn ma'n drob'n na' sitzen,
Den Mordstrum Lackl auf sein Roß.
Er ist recht schö – do' sag i bloß,
Der Churfürst Max, bei *uns*, der erscht,
Des ist fei aa a schöner Ferscht!
So san mir, mir verruckten Hund:
Den suachat neamd – koa Viertelstund!

Am Lido, ja, da hätts uns paßt,
Da siecht ma Madln, nackert fast,
Doch des hat net lang dauert, leider,
Hat *sie* schon g'mammst: Geh, fahrn ma weiter!
Da hamms' ihr g'raten des Ravenna –
So was muaß doch der Mensch net kenna!
A solchene Basilika

Wie dort hamm mir in München aa!
Und die Moskito, laß Dir sagen,
I habs glei dutzendweis derschlagen –
Und heut no juckts mi überall. –
Florenz, des war schon mehr mei' Fall!
Da hamms, auf des hätt i net denkt,
A Münchner Bier vom Faß ausg'schenkt.
Anstrengend is's sonst freili g'wesen:
Sie hat all's aus ihr'm Büchl g'lesen,
Auslassen hat's partout nix woll'n
Und i hätt allweil mitgehn solln.
A jede Mauer hätts mir 'zeigt. –
Bei de Uffizien hab i g'streikt.
Naa, sag i, des kannst net verlangen!
I bin in d' Pinakothek net gangen,
Wies gstanden is' vor meiner Nasen,
Und da sollt i jetzt Bilder grasen?

Mei, *die* hats umeinandertriebn!
Auf d' Nacht hats Ansichtskarten g'schriebn,
Glei ganze Pack, daß d' Leit erfahrn,
Daß mir aa in Italien warn.
Nach Rom hat's müssen, selbstverständlich.
I hab no' oamal nachgeb'n endlich,
Und, Ehr sag i, wem Ehr gebührt:
Rom is a Stadt, wo si was rührt.
Bloß, mit'n Essen, da war's aus.
All's bratens in Salatöl raus,
Gmüs könnens' überhaupt keins kochen
Da wirst fein g'mütskrank, nach drei Wochen!
Und für die nächsten zehn Jahr hätt i

Jetzt wieder gnua von de Spaghetti.
Bist in der fremden Sprach net g'wandt,
Hockst scho so hilflos umeinand.
Und mit de Lire mußt fei nachher
Aufpassen wie a Haftelmacher.
Schnell hamms' an Haufen Schein hingschmissen
Und bis D' Di umschaugst, bist schon b'schissen!
Natürli bist da Du der Dümmer' –
Deutsch könnens' plötzli' alle nimmer!

*

No, kurz und gut – jetzt hab i's satt,
Sag i zu ihr, Dei' ewige Stadt.
An Papst derfst anschaun no', mein'twegn,
Na' hau i ab, des wirst jetzt sehgn!
Sie hat sich noch verlegt aufs Betteln,
Doch i hab b'sorgt glei' die Bilettln,
Hoam hat's mi so gewaltig zog'n,
Daß i's riskiert hab: mir san g'flogn!
Sündteuer wars – i will nix sag'n,
Denn i habs wenigstens vertragn,
Mit Hilf von viele Kognakschluckerl.
Gsehgn hab i net viel aus mei'm Guckerl.
Bei meiner Frau war's Geld verlor'n,
Denn der i's glei speiübel wor'n.
No, überstanden hat sie's ja –
Und jetzt: Jetzt samma wieder da!

Tempo

Jahrtausende – von Adam an
Bis zu der ersten Eisenbahn –
Stand fest der Schnelligkeit Begriff:
Der Reiter und das Segelschiff,
Die Taube noch als Briefbesteller –
Nichts auf dem Erdenrund war schneller!
Ein Wunschtraum war es, siebenmeilen-
Gestiefelt, durch die Welt zu eilen.
Das Flugzeug, in den Lüften brausend,

Macht in der Stunde heute tausend!
Einst war, wer sich einmal empfohlen
Und fortritt, kaum mehr einzuholen.
Ein Flüchtling – etwa wegen Mord –
War sicher, kam er nur an Bord.
Heut wird zum Beispiel ein Vertreter,
Verreist achthundert Kilometer,
Zurückgerufen, telegrafisch:
An seiner Kette hängt er, sklavisch.
Der Defraudant kennt keinen Punkt,
An dem man ihn nicht rundbefunkt:
Kommt er in Hinterindien an,
Steht der Schandarm schon an der Bahn.
Der Forscher mag im Urwald sitzen,
Im Packeis, hoch auf Weltbergspitzen:
Wenn er an seinem Kästchen dreht,
Erfährt sofort er, wies ihm geht.
Die Welt, so alle Welt behütlich,
Wird, scheint uns, *langsam* ungemütlich.

Zwischenhoch

Wir möchten ganz gewiß nicht unken –
Doch, daß die Welt so reisetrunken,
Hat, obs nun Tugend oder Sünde,
Ganz sicher seine tiefern Gründe:
Nach langer Zeit, zu Eis gestaut,
Sind jäh wir jüngst erst aufgetaut,
Daß wir die Grenzen überfluten.
Und mancher meint, er müßt sich sputen,
Weil, heut auf Draht, vielleicht die Welt
Auf Stacheldraht rasch umgestellt,
Eh Du von ihrem Glanz was siehst,
Sich wieder unverhofft verschließt.
Und was man dann zu sehn bekombt,
Wenn sie derweil atomverbombt?
Kurz, jeder will das Zwischenhoch
Des Wetters grad erwischen noch,
Mißtrauend, ob das »Stirb und werde!«
Nochmal verträgt die alte Erde.

Abgesang

Ein Lied gibts von Herrn Urian,
Der, weitgereist, verzählen kann,
Wie er genommen Stock und Hut
Und sich die Welt betrachtet gut.
Und alle riefen: Wohlgetan,
Nur weiter so, Herr Urian!
Doch, wie er sprach: Den gleichen Sparren
Traf überall ich, die gleichen Narren,
Tat männiglich sich drob empören –
Man riet dem Schwätzer, aufzuhören.
Auch ich, der leider fürchten muß,
Daß man sich ärgert, mache Schluß
Und wünsche meinem Leserkreise
Von Herzen – »trotzdem gute Reise!«

Inhalt